Streitschlichtung in der Schule

Eine rekonstruktionslogische Betrachtung

Raphael Koßmann

FSC
www.fsc.org

Streitschlichtung in der Schule

Eine rekonstruktionslogische Betrachtung

Raphael Koßmann

Johann Wolfgang Goethe-Universität
Frankfurt am Main 2012

Frankfurter Beiträge zur Erziehungswissenschaft

Reihe Forschungsberichte

im Auftrag des Dekanats
des Fachbereichs Erziehungswissenschaften
der Johann Wolfgang Goethe-Universität
herausgegeben von
Andreas Gruschka

Hergestellt: BoD - Books on Demand, Norderstedt

Bibliografische Information der Deutschen Bibliothek
Die Deutsche Bibliothek verzeichnet diese Publikation in der Deutschen Nationalbibliografie; detaillierte bibliografische Daten sind im Internet über http://dnb.ddb.de abrufbar

ISBN 978-3-9814761-1-8

Inhaltsverzeichnis:

Einleitung: Streitschlichtung in der Schule als Gegenstand einer empirischen Untersuchung

> „Die Untersuchungen der letzten Jahre bestätigen freilich, dass Schule schon immer auch ein Ort von körperlicher Auseinandersetzung war – wo Kinder zusammen sind, wird eben geschubst, gedrängelt und Meinungsverschiedenheiten werden auch mal handgreiflich ausgetragen. Die Studien kommen alle – entgegen so oft anders lautender Medienberichte – zu dem gleichen Schluss: Die Schule ist **kein** Hort schwerer Kriminalität und Gewalt geworden, sie bietet der überwiegenden Zahl der Schülerinnen und Schüler noch immer einen sicheren Lernort. Die Entwicklung der Gewalt in den Schulen gibt demnach keinen Anlass für eine Dramatisierung. [...] Allerdings: Ein harter Kern von etwa 5 Prozent der männlichen Schüler macht Klassenkameraden und Lehrern das Leben schwer. Diese Täter werden jünger und ihre Auseinandersetzungen härter. Neu ist der Anstieg und der alltägliche Gebrauch verbaler Gewalt: Schülerinnen und Schüler haben heute einen lässigeren und gehässigeren Umgangston als früher. Wir alle wissen: Zum Alltag und auch zum Schulalltag gehören nun einmal Konflikte und Streitereien. Es wäre falsch, diese verhindern oder gar unterdrücken zu wollen. Aber es kommt darauf an, wie mit diesen Konflikten umgegangen wird.“[1]

Ausgeprägtes Interesse an Mediation in Schulen belegen nicht erst Studien zu ihrer Verbreitung,[2] sondern schon die Fülle von Publikationen, die hierzulande ab der Jahrtausendwende zu diesem Thema erschienen ist. So existieren inzwischen neben Konzepten zur Einführung von Streitschlichtung an Mittelsstufen von Regelschulen nun auch Adaptionen[3] für Kindertagesstätten, Grund- und Förderschulen sowie zahlreiche

---

1 Aus dem Grußwort von Renate Schmidt in: Behn, Sabine; Kügler, Nicolle; Lembeck, Hans-Josef u. a.: Mediation an Schulen. 2006, S. 9.

2 Siehe hierzu: Caesar, Victoria: Verbreitung, Umsetzungspraxis und Wirksamkeit von Peermediation im Kontext schulischer Gewaltprävention. 2003, S. 195. Und: Institut des Rauhen Hauses für soziale Praxis u. a. (Hrsg.): Evaluation von Mediationsprogrammen an Schulen. Zwischenbericht. 2004, S. 34ff. Sowie: Behn, Sabine; Kügler, Nicolle; Lembeck, Hans-Josef u. a.: Mediation an Schulen. 2006, S. 62f.

3 Beispielsweise: Braun, Günther; Püttmann, Ulla: Kinder bauen Brücken zueinander. Das Bensberger Mediations-Modell in Kindertagesstätten. 2005. Großeholz, Vera: Konflikterziehung an Grundschulen. 2005. Braun, Günther; Schmiegel, Kathleen; Schuster-Mehlich, Gaby: Konflikte lösen lernen. Das Bensberger Mediations-Modell in Förderschulen. 2009. Und für den Bereich der Werkstätten für Menschen mit Behinderung: Meuer, Dirk; Sauthoff, Detlef: Menschen mit geistiger Behinderung als Streitschlichter. 2007, S. 152–161.

Forschungsarbeiten.[4] Letztere sind mehrheitlich evaluativ angelegt: Mittels verschiedener Befragungstechniken und der Auswertung von Schlichtungsverträgen wird zu bestimmen versucht, wie Schüler und Lehrer gegenüber Mediation in Schulen eingestellt sind, ob sie das Verfahren nutzen, sich dadurch das Schulklima verbessert hat, Kompetenzen erworben wurden und die Projekte zu einem friedlicheren Umgang beigetragen haben. Aus den Ergebnissen werden schließlich Tipps zur Verbesserung der Einführungsphase sowie der Umsetzung der Mediation abgeleitet, die von Empfehlungen[5] bis hin zur Formulierung von Gelingensbedingungen[6] und Qualitätsstandards[7] reichen. *Daraus ergibt sich die paradoxe Forschungslage, dass trotz der umfangreichen Bestrebungen, herauszufinden, ob die Konzepte bewirken, was sie bewirken sollen, und wie sie verbessert werden können, eine systematische Betrachtung der Verläufe von Streitschlichtungssitzungen bisher ausgeblieben ist.*[8] Verwundern darf daher auch die Sicherheit mit der empfohlen wird, Mediation zur Konfliktbearbeitung in Schulen zum Pflichtprogramm im Studium sowie der zweiten Phase der Lehrerausbildung

---

4 Übersichten zu den Forschungsarbeiten finden sich in: Kantereit, Tim: Streitschlichtung in der Schule. 2008, S. 28ff. Und: Behn, Sabine; Kügler, Nicolle; Lembeck, Hans-Josef u. a.: Mediation an Schulen. 2006, S. 39ff.

5 Siehe: Behn, Sabine; Kügler, Nicolle; Lembeck, Hans-Josef u. a.: Mediation an Schulen. 2006, S. 271ff.

6 Siehe: Hartig, Christiane: Auswirkungen der Tätigkeiten von Schülerstreitschlichtern. 2006, S. 196ff.

7 Siehe: Schubarth, Wilfried; Kowalzyck, Markus; Petersdorf, Susanne u. a.: Konflikte gewaltfrei Lösen. 2003, S. 27f.

8 Das gilt ebenso für die Forschungsarbeiten, die durch besondere Herangehensweisen auffallen: So unternehmen Haack-Wegner und Schrör (2005) eine ergiebige tiefenhermeneutische Untersuchung von Rollenspielen, die in der Ausbildungsphase von Schülerstreitschlichtern an einer Regelschule stattgefunden haben, sowie späterer Supervisionssitzungen, aber nicht von echten Schlichtungsgesprächen. Im Gegensatz dazu hat Engert (2001) in ihrer Evaluation von Mediation in einer Lernhilfeschule zwar Videoaufnahmen von Mediationssitzungen gesammelt, diese aber weder veröffentlicht noch in ihrer Ergebnispräsentation beschrieben. Die einzige Arbeit, in der Mitschnitte von Schlichtungsgesprächen gemacht und Passagen aus diesen in die theoretische Ausarbeitung eingebunden wurden, stammt von Bunke. Ihr Text ist jedoch nicht im Druck erschienen und im Internet nur ohne den Anhang, in dem sich die Mitschnitte befinden, verfügbar. Deshalb lässt sich auch aus ihrer gelungenen Adaption der Streitschlichtung für die Schule für Lernhilfe kein Einblick in den vollständigen Verlauf authentischer Streitschlichtungssitzungen gewinnen. Siehe: Bunke, Anke: Die Erprobung eines Streitschlichterangebots an der Bürgermeister-Grimm-Schule.

zu machen, sie in Lehrpläne aufzunehmen oder gar nach dem Vorbild Brandenburgs direkt im Schulgesetzt zu verankern.[9]

Vor diesem Hintergrund will die vorliegende Arbeit ihren Beitrag zur gegenwärtigen Erforschung von Streitschlichtung leisten, indem sie die genannte Lücke ein Stück weit schließt: Weil dem Gegenstand Streit im Kontext von Schule und Verfahren bislang bloß knappe Überlegungen gewidmet wurden, wird im *ersten Kapitel* zunächst der Begriff des Streits sowohl anhand eigener Beobachtungen als auch dazu vorhandener Literatur bemüht. Dabei wird sich zeigen, wie die didaktischen Schriften, aber auch Forschungstexte, den Gegenstand in einem Dämmerlicht gesellschaftlich erwünschten Denkens erscheinen lassen. Dementsprechend spannend wird es im *zweiten Kapitel,* wenn es über die Herkunft des Verfahrens und seine Beschreibung in den schulspezifischen Mediationskonzepten darum geht, Funktion und Stellung der Streitschlichtung in der Institution Schule zu ermitteln. Schließlich werden im *dritten Kapitel* mithilfe einer sequenzanalytischen Methode Transkripte von authentischen Schlichtungsgesprächen unter die Lupe genommen. Auch wenn Strukturen hierbei im Wesentlichen aus der Kontrastierung der Idealvorstellungen von Mediation mit ihrer realen Umsetzung zum Vorschein gebracht werden, strebt die Untersuchung keine Evaluation der Sitzungsverläufe an, sondern zielt auf die Herausarbeitung der Interaktionslogik, die sich durch die Anwendung der Sozialtechnik ergibt. Damit bietet die Arbeit zwar keine Ratschläge, aber einen unverstellten Blick auf die Praxis, der den Pädagogen vor Ort eine Hilfestellung sein will, diese zu verbessern.

Bei dem vorliegenden Text handelt es sich um die Überarbeitung meiner Diplomarbeit für den Studiengang Erziehungswissenschaften, die ich im Juli 2009 an der Universität in Frankfurt am Main eingereicht habe. Als rekonstruktionslogische Untersuchung pädagogischer Praxis entstand sie nach dem Vorbild ungleich größerer Forschungsprojekte, wie dem zur „Pädagogischen Rekonstruktion des Unterrichtens" (PÄRDU), das ebenso von Prof. Dr. Andreas Gruschka ins Leben gerufen wurde wie das Archiv für pädagogische Kasuistik, kurz ApaeK. Ihm, der auch Betreuer meiner Diplomarbeit war, danke ich an dieser Stelle

9 Siehe: Rademacher, Helmolt: Mediation in der Erziehungs- und Bildungsarbeit. 2008, S. 116f. Sowie: Behn, Sabine; Kügler, Nicolle; Lembeck, Hans-Josef u. a.: Mediation an Schulen. 2006, S. 271ff. Und: Institut des Rauhen Hauses für soziale Praxis u. a. (Hrsg.): Evaluation von Mediationsprogrammen an Schulen. Zwischenbericht. 2004, S. 18ff.

herzlich. Für weitere inhaltliche Unterstützung und emotionalen Rückhalt danke ich besonders Nadine Lauer, meiner Familie und Burkhard Alles.

Neben einer Vielzahl anderer Datensätze und Materialien können die anonymisierten Transkripte der Streitschlichtungssitzungen, in deren Anhang sich auch die Schlichtungsverträge befinden, in ungekürzter Fassung als pdf-Dateien von der Archivdatenbank (http://www.apaek.uni-frankfurt. de/) heruntergeladen werden.[10]

Die Schlichtungsaufnahmen stammen von einer integrierten Gesamt- und Ganztagsschule, einer Förderschule für Lernhilfe und einem Gymnasium. Ohne die Offenheit der Schüler sowie die freundliche Unterstützung des Personals an den Schulen hätten sie nicht zustande kommen können.

> „Soll kritische Aufklärung nicht in subjektiv zwar vernünftig gemeinter, objektiv aber affirmativer Weise geschehen, so wird sie zur schmerzhaften Anstrengung, die Widersprüche auch dort sich immer bewußt zu machen, wo es um die Verbesserung der Pädagogik geht. Dieser muß die leidenschaftliche praktische Anstrengung gelten. Der theoretische Pessimist widerspricht dabei nicht dem praktischen Optimisten."[11]

10 Zu finden sind sie dort unter den Datensatznummern 1452 bis 1460.

11 Gruschka, Andreas: Negative Pädagogik. 2004, S. 356.

Kapitel 1: Vom Begriff des Streits zu dem des Konflikts – und seiner spezifischen Bedeutung im Kontext von Mediation in Schulen

In diesem Kapitel der Untersuchung steht der Gegenstand im Mittelpunkt, auf den das schulspezifische Schlichtungsverfahren zugeschnitten ist, nämlich der Streit. Um was es sich dabei handelt, wird im Folgenden in mehreren Schritten erörtert:

(I) In einem ersten Anlauf erzählt der Autor einige Geschehnisse, die er als Mitarbeiter in einem Förderprojekt an einer Gesamtschule erlebt und intuitiv als Streit aufgefasst hat. (II) Erst ab dem zweiten Schritt wird das Thema im Hinblick auf seine Bearbeitung in der Fachliteratur betrachtet. Hier bietet sich als einer der wenigen ausführlichen Texte, die sich explizit mit diesem Begriff befassen, Simmels Abhandlung über den Streit an. (III) Daran anschließend wird ein Blick auf die theoretischen Folien geworfen, die im Rahmen von Forschungsarbeiten, aber auch in den Programmen zur Einführung von Mediation in Schulen herangezogen werden. (IV) Im vierten Abschnitt werden Beispiele aus den (Kopier-)Vorlagen zur Ausbildung von Schülerstreitschlichtern aufgeführt, die nach Ansicht ihrer Autoren zur Klärung des Gegenstands beitragen und exemplarisch das Spektrum dessen umreißen, was später im Rahmen von Schulalltag und Verfahren zu behandeln sei. (V) Ihren vorläufigen Abschluss finden die Überlegungen in einem knappen Resümee.

I Eigene Beobachtungen von Streit in der Schule

Wie eben erwähnt, folgen nun kurze Erzählungen von Situationen, die der Autor selbst miterlebt und die er deswegen dokumentiert hat, weil sie gemäß seines alltäglichen Sprach- und Situationsverständnisses Streit enthalten. Während der Sammlung versuchte er nicht, alle Streitsituationen im gesamten Beobachtungszeitraum zu erfassen, sondern anhand weniger Ereignisse das Spektrum dessen abzudecken, was er für gewöhnlichen Streit in dieser Fünferklasse erachtete. Die erste Annäherung an das Thema dieses Kapitels wird im Anschluss an die Auflistung der Episoden mit Überlegungen zu diesen abgerundet. Im Hintergrund stehen die Fragen, ob die unterschiedlichen Geschehnisse etwas Spezifisches gemeinsam haben, das über die Eigenschaft menschliche Interaktion zu sein und die in der Schule gegebenen Rahmenbedingungen hinaus geht, und, wenn ja, worin dieses besteht.

Erhoben wurden die Daten durch teilnehmende Beobachtung[12] und anschließend in der Form von Episoden protokolliert, wie es die Studien von Krappmann und Oswald[13] sowie die von Gruschka[14] vorführen.

Der Zugang zum Feld ergab sich im Rahmen der Mitarbeit am ffm-Übergangsprojekt, das die Begleitung von Schülern mit Migrationshintergrund bei ihrem Wechsel von der Grundschule an die weiterführende Schule vorsah.[15] Hierzu wurde einer Gruppe von drei bis fünf Schülern jeweils ein Student zur Seite gestellt, der bei der Bearbeitung von schulischen Themen helfen und auch für private Angelegenheiten ein offenes Ohr haben sollte.[16] In meinem Fall bestand diese Kleingruppe aus zwei Mädchen und zwei Jungen, die ich zumeist während der Unterrichtszeit vier Stunden pro Woche begleitet habe. Die nachfolgend skiz-

---

12 Siehe: Friebertshäuser, Barbara: Feldforschung und teilnehmende Beobachtung. 2003, S. 503ff. Und: Krappmann, Lothar; Oswald, Hans: Alltag der Schulkinder. 1995, S. 31ff.

13 Krappmann, Lothar; Oswald, Hans: Alltag der Schulkinder. 1995. Siehe beispielsweise S. 152.

14 Siehe: Gruschka, Andreas: Über moralische Lektionen und das Problem der Moralerziehung. 1991, S. 5ff. Und: Ders.: Negative Pädagogik. 2004, S. 36, S. 159f u. S. 237f.

15 Genauere Informationen lassen sich folgender Internetseite entnehmen: http://schulentwicklung.uni-frankfurt.de/web/index.php/praxmenu/laufende-projekte/3-ffm-foerderkurse (zuletzt am 29. Juni 2011 abgerufen)

16 Die Begleitung begann etwa in der Hälfte des zweiten Schulhalbjahres der vierten Klassenstufe (April 2008) und sollte mindestens bis zum Ende des ersten Halbjahres in der weiterführenden Schule (Februar 2009) fortgesetzt werden.

zierten Vorkommnisse haben sich an der weiterführenden Schule[17] in den Monaten September bis November 2008 während des Unterrichts, den kleinen Pausen und auf einem Ausflug zugetragen. Hervorzuheben ist, dass ich nicht als Neuling im Klassenverband auftrat, sondern bereits seit längerer Zeit dort regelmäßig als Mitarbeiter integriert war. (Etwa die Hälfte der Schüler dieser Klasse kannten mich bereits aus der Grundschule.)[18] Außerdem erwies sich die Rolle als Mitarbeiter in diesem Projekt als günstige zur Beobachtung von Streitsituationen: Obwohl ich mit Begleitung und Förderung beauftragt war, hatte ich keinen Einfluss auf die Notengebung und durfte gegenüber dem Verhalten, das die Heranwachsenden untereinander an den Tag legten, eine im Vergleich zu den Lehrern gewährende Haltung einnehmen. (Zur Wahrung der Anonymität wurden die Namen der Schüler in den Erzählungen ersetzt.)

a) Tafeldienstsabotage

In der Fünfminutenpause – es ist gerade kein Lehrer anwesend – wischt Halime die Tafel, weil sie diese Woche Tafeldienst hat. Als sie fast fertig ist, beginnt Patrick am anderen Ende Striche mit Kreide auf bereits geputzte Flächen zu malen. Halime spricht ihn an: „Lass das! Du nervst." Sie wischt seine Striche weg und wendet sich wieder dem letzten Stück Tafel zu, das noch von der vorangegangenen Stunde beschrieben ist. Patrick macht aber weiter. Halime rempelt ihn beiseite, beschimpft ihn lautstark („Du Schwuler! Lass das!") und wischt seine Kritzeleien erneut aus. Als Patrick wiederholt die Tafel beschmiert und zusätzlich Halime den Schwamm aus der Hand nimmt, ist ihre Freundin Melek zur Stelle, die sich mit Patrick um den Schwamm zu rangeln beginnt. Nun greift auch Halime zu. Patrick wird in die Mangel genommen und lässt den Schwamm fallen. Ich greife ein und gebe Halime den Schwamm wieder.

Einige Minuten später ist immer noch kein Lehrer in der Klasse. Nachdem ich mich einen Moment mit einem Schüler unterhalten habe, begebe ich mich zur Tür um einen Blick in den Flur zu werfen. Dort sind neben Schülern aus unserer Klasse auch andere Fünfer. Einige ste-

---

17 Es handelt sich dabei um die Gesamt- und Ganztagsschule, an der ich auch den größten Teil der Streitschlichtungen und der Verträge erheben konnte.

18 „Er [der Beobachter; R.K.] wird gerade durch Bekanntheit und Gewöhnung „unsichtbar"." Krappmann, Lothar; Oswald, Hans: Alltag der Schulkinder. 1995, S. 33.

hen in einer Traube um Patrick, der von Melek von hinten in einem Würgegriff gehalten wird. Ich sehe noch gerade, dass ihn jemand in den Bauch schlägt, als einige sich umdrehten und merken, dass ich im Türrahmen stehe.

b) Delfintherapie

Während einer Mathestunde, in der alle Schüler Arbeitsblätter bearbeiten und der Mathematiklehrer und ich einzelnen hierbei helfen, werde ich von Samir gerufen. Als ich mich neben ihn an die Vierertischgruppe setze und er eine Frage zu einer Aufgabe stellt, unterbricht uns Fiorenzo: „Herr Koßmann, ich glaube der Daniel braucht eine Delfintherapie.“ Darauf Daniel verärgert: „Deine Mutter braucht eine Delfintherapie!“ Beide beginnen sich zu beschimpfen und Ardi schneidet Daniel Grimassen. Ich unterbreche sie und frage Fiorenzo: „Wieso eigentlich Delfintherapie?“ Dieser entgegnet: „Ja, wenn man Geisteskrank ist, dann muss man doch zur Delfintherapie.“ Die vier Schüler der Tischgruppe lachen, bis Ardi innehält und mich fragt: „Herr Koßmann, gibt es eigentlich so etwas wie Geisteskranke?“

c) Autorenlesung

Zu einer Autorenlesung wurden alle Fünferklassen in der Schulbibliothek versammelt. Sie sitzen eng zusammen auf dem Boden, der zuvor mit Turnmatten ausgelegt wurde. Nach einer Stunde Vorlesen und anschließenden Fragen der Schüler an die Schriftstellerin wurde es zunehmend unruhiger im Raum. Schließlich beendet eine Lehrkraft das Treffen und lässt den Schülern offen, ob sie sich ein Autogramm abholen oder direkt zurück in ihre Klassen gehen möchten. Hierauf eilen einige zur Autogrammvergabe an das Pult. Der größere Teil beginnt sich durch die Gänge, zwischen den Regalen hindurch, aus dem Lesesaal zu drängen. Einige Schritte neben mir sehe ich in dem Durcheinander, wie Samir und ein anderer Schüler sich im Gang gegenseitig heftig umherstoßen. Ich gehe dazwischen und frage was passiert ist, worauf Samir entgegnet: „Der Penner hat mich nicht vorbei gelassen!“ Ehe ich etwas sagen kann verschwinden beide Schüler im Getümmel in Richtung Ausgang.

d) Attacke auf Belma

Nach einer Pause (es ist noch kein Lehrer in der Klasse) unterhalte ich mich mit zwei Schülern. Als Belma aus dem Flur in die Klasse eintritt, höre ich Sibel laut ausrufen: „Da ist sie wieder!“ Daraufhin stürmt sie, gefolgt von einer Gruppe von Schülern, auf Belma zu und beginnt sie begleitet von Beschimpfungen („Du dumme Kuh!“ etc.) mit offenen Händen zu schlagen. Belma wehrt sich. Beide schlagen sich jetzt mit offenen Händen ins Gesicht; nur dass Belma schnell zurückgedrängt wird, weil sie alleine dasteht. Schnell gehe ich dazwischen und frage Sibel, weshalb sie so aufgebracht ist. Sie und einige andere Schüler antworten, dass Belma blöd sei und stinke.

e) Weitere Situationen mit Belma

> – Als wir uns zu einer Kleingruppenarbeit an einen Tisch in der Bibliothek setzen, mahnt Ardi im Beisein von Belma die drei anderen Schüler: „Setzt euch bloß nicht an diesen Tisch, sonst werdet ihr verätzt!“ Ich scheine der einzige zu sein, der das nicht versteht und frage nach: „Warum?“ Zur Antwort bekomme ich, dass Belma dort unlängst gesessen habe. Die anderen lachen. Daraufhin weise ich Ardi an, dass er solche gemeinen Sachen nicht wieder sagen soll. Kurz nachdem die Schüler Platz genommen haben und in ihren Büchern blättern, beginnt Fiorenzo beim Lesen zu murmeln. Ardi beschwert sich bei ihm, dass er sich so nicht konzentrieren könne. Belma beklagt sich ebenfalls, worauf Ardi sich an sie wendet: „Du hast hier gar nichts zu sagen!“ Belma: „Du auch nicht!“ Ardi: „Und du hast einen fetten Arsch!“
> – Während eines Klassenausflugs in die Innenstadt von Frankfurt bemerke ich, dass Schüler immer wieder „Schere, Stein, Papier“ spielen und laut auf den zeigen, der gerade verloren hat. Nach einer Weile fragt mich Melek, ob ich mitspielen will, worauf ich mich nach den Regeln erkundige. Als sie damit herausrückt, dass der Verlierer eines „Schere, Stein, Papier“-Duells einen zuvor vereinbarten Auftrag ausführen müsse, lehne ich ab. Einige Momente später sehe ich, wie sich eine kleine Gruppe von Schülern um Belma versammelt. Ardi stellt sich vor ihr auf und quält sich mit verzerrtem Gesicht ein „Ich liebe

dich.“ heraus. Die Umherstehenden lachen sofort laut los und rufen: „Mann, bis du eklig!“ etc.

– Während einer Deutschstunde, in der die Schüler verschiedene Aufgaben in Einzelarbeit erledigen, sitze ich gerade neben Belma. Sie hat mich gebeten, ihr beim Verfassen einer Kurzgeschichte zu helfen. Wenige Augenblicke nachdem wir uns ihrem angefangenen Text zugewandt hatten, kommt Daniel zusammen mit einigen weiteren Schülern vorbei. Er bleibt hinter Belma stehen, hält kurz inne und tippt sie mit seiner Hand auf dem Rücken an. Als sie sich umdreht, zeigen die Umstehenden lachend auf Daniel und rufen: „Bäh, du hast Belma berührt! Jetzt bist du infiziert!“ Belma entgegnet mit gesenktem Blick „Haha, sehr witzig.“ und wendet sich wieder ihrer Aufgabe zu.

f) Linealausleihe

In einer Mathestunde, in der die Schüler Blätter zum Themenbereich Geometrie bearbeiten sollen, rufen mich Samir und Ardi zu sich. (Der Mathematiklehrer ist ebenfalls damit beschäftigt, in der Klasse umherzugehen und bei der Bearbeitung der Blätter zu helfen.) Sie fragen mich etwas zu einer Aufgabe mit parallelen Strecken. Als ich denke, dass die beiden nun selbst zurechtkommen, bemerke ich, dass Ardi kein Geodreieck dabei hat. Ich sage zu ihm, dass er aber unbedingt eins brauche, um die Aufgaben bearbeiten zu können und biete ihm an, das Arbeitsgerät beim Lehrer auszuleihen. Ardi entgegnet, dass das keine gute Idee sei, weil dann ja raus käme, dass er sein eigenes daheim vergessen hat und deswegen schon wieder einen „Strich“ bekommen würde. Außerdem habe sein Banknachbar Koray immer mehrere Dreiecke dabei, sei aber zu neidisch eines auszuleihen. Ich frage Koray, ob er Ardi ausnahmsweise eins ausleiht. Er schüttelt den Kopf. Als ich nach dem Grund frage, zieht er, anstatt mir eine Antwort zu geben, widerwillig eines seiner drei Geodreiecke aus seinem Mäppchen und überreicht es Ardi.

g) Kuchendiagramm

Zu Beginn einer Deutschstunde wird ein Rechtschreibtest zurückgegeben, den die Schüler am Computer bearbeitet haben. Auf der zweiten Seite des Auswertungsbogens befindet sich neben anderen (Fehler-) Statistiken ein Kuchendiagramm. Während die beiden Lehrerinnen in der Klasse umhergehen und Fragen zum Test beantworten, vergleichen die Schüler eifrig ihre Diagramme und suchen nach demjenigen, der das dickste Kuchenstück mit dem Titel „Fehler" hat. Çag, die Ellenbogen auf den Tisch gestützt und den Kopf in die Hände versenkt, beteiligt sich nicht an den Nachforschungen. Selbst nachdem die Lehrerin damit beginnt, Hinweise und Erklärungen zum Test an die Tafel zu schreiben und die meisten der Schüler sich wieder beruhigt haben, verharrt Çag in seiner Position. Plötzlich springt er auf, reißt den schräg hinter ihm sitzenden Fahir vom Stuhl, stößt ihn gegen die Wand und schreit ihn mit wimmernd-heulenden Worten an. Dieser richtet sich auf und sie beginnen zu rangeln. Die Anwesenden verfolgen gespannt das Geschehen, besonders als die stetig lauter werdenden Zwischenrufe einer Lehrerin von den beiden scheinbar unbeachtet bleiben. Schließlich stellt sich die zweite Lehrerin zwischen Fahir und Çag und nimmt letzteren mit vor die Tür. (Sie erzählt mir nach der Stunde, dass er auf eine Beleidigung von Fahir reagiert habe.)

h) Auswahl

In der kleinen Pause vor einer Förderstunde kommen Dana, Samir, Ardi und Halime zu mir und fragen, ob Melek und Sibel ausnahmsweise mit nach draußen gehen dürfen – ich hatte für heute angekündigt, ein Spiel mitzubringen. Ich antworte, dass das unfair sei, weil Patrick und Zeki bereits seit längerem fragen. Die vier lehnen vehement ab. Dana meint, dass Zeki blöd sei und Ardi erzählt lauthals, dass Patrick, der sich gerade neben ihn gestellt hatte, eklig sei, weil er sich Kleber auf die Hand mache um diesen abzulecken. Patrick entgegnet wütend, dass das nicht stimme. Nun kommt auch Zeki dazu und wendet sich mit der Bitte an mich, mitspielen zu dürfen. Besonders Ardi und Dana sprechen dagegen. Ich erwähne, dass beim letzten Mal Daniel und Fiorenzo mitgespielt haben und Patrick an diesem Tag direkt nachgefragt hat, als wir zurück in die Klasse kamen. Weiterhin erinnere ich daran, dass sich niemand beschwert hat, als ich ihm zugesagt habe. Patrick darauf: „Ja, genau! Sie haben es mir versprochen!“ Sofort beginnen Halime und Ardi sich zu beschweren, dass sie „den blöden Patrick“ nicht dabei haben möchten. Zu Zeki sagen sie, dass sie zwar OK sei, aber Sibel lieber mögen. Schnell sind sie sich einig, dass bevor sie nur einen von beiden – Zeki oder Patrick – zum Spielen mitnehmen, sie lieber zu viert bleiben und laden nun auch ihre Freundinnen aus.

In *Tafeldienstsabotage* versucht Patrick Halime daran zu hindern, ihren Klassendienst zu erfüllen. Wiederholt bekritzelt er bereits geputzte Flächen und nimmt ihr schließlich den Schwamm aus der Hand. Dass Patrick gerade in dem Moment begann die Tafel zu beschmieren, als Halime fast fertig war, spricht dafür, dass er bewusst gereizt und den Zeitpunkt seines Übergriffs geschickt ausgewählt hat: So bemalt er die Tafel nicht erst nachdem sie ihre Arbeit beendet und sich vielleicht schon wieder auf ihren Platz gesetzt hat. Denn damit würde er aufgrund der fortgeschrittenen Pausenzeit das Malheur provozieren, dass er ausgerechnet dann die geputzte Tafel bekritzelt, wenn der nächste Fachlehrer hereinkommt. Stattdessen wählt er einen Moment, in dem Halime im Begriff ist ihr Werk zu vollenden, um sich auf ihren Platz begeben zu können. Somit greift er genau dann ein, als selbst kleine Schmierereien auf der fast leeren Fläche deutlich hervorstechen und gerade noch zeitig genug, bevor er alleine an der Tafel gestanden hätte. Zunächst reagiert Halime gefasst, indem sie ihn scharf zurechtweist („Lass das! Du nervst.“) und die Kritzeleien auswischt. Dies kann Patrick als Teilerfolg verbuchen. Seine Aktion hat Wirkung gezeigt, aber noch nicht in der beabsichtigten Intensität. Nach dem Motto „steter Tropfen höhlt den Stein“ übergeht er ihre Äußerung und wiederholt seine Handlung. Diesmal mit dem Ergebnis, dass Halime Grenzen in gleich zwei Bereichen überschreitet. Sie spricht eine Beschimpfung aus *und* versucht den Störenfried zusätzlich körperlich beiseite zu drängen. Ohne das Rempeln hätte Halimes „Du Schwuler! Lass das!“ fast ebenso situationsangemessen gewirkt wie der vorausgegangene nüchterne Hinweis: Der Übergriff auf ihre Arbeit wäre durch einen ähnlich distanzierten Gegenübergriff, in Form ihrer verbalsprachlich ausgeführten Beleidigung, ausgeglichen. Doch so lief es nicht. Die Überwindung der körperlichen Distanz durch Halime musste auf Patrick wie eine willkommene Einladung gewirkt haben, weil sie es dem Jungen im Anschluss an seine nächste Kritzelattacke gestattete, auf eine effektivere Strategie umzusteigen, um ihren Tafeldienst zu sabotieren und sie zu ärgern. Auf die vollzogene Entwendung ihres Arbeitsgeräts hätte Halime auf sehr unterschiedliche Weise reagieren können: Beispielsweise mit dem Eröffnen einer Rauferei um den Schwamm. Zöge sie hierbei allerdings den Kürzeren, stände sie als körperlich Schwächere da. Um diese Probe zu umgehen hätte sie Desinteresse an ihm und seinen „Kindereien“ signalisieren und sich der Situation entziehen können. Damit wäre sie aber vielleicht dem nächsten Fachlehrer eine Erklärung für die nicht gewischte Tafel schuldig gewesen. Umgekehrt hätte sie dies aber auch als Drohung an Patrick richten können: „Wenn du damit nicht aufhörst, dann werde ich es nachher Herrn Burkhard sagen!“ – Was Patrick wiederum als Eingeständnis ihrer Schwäche hätte auslegen können. Doch durch das Eingreifen Meleks bleibt Halime die Auswahl zwischen diesen und weiteren Optionen erspart. Denn Melek hat sich für das körperliche Kräftemessen entschieden und dadurch die Situation sowie die Handlungsmöglichkeiten für Halime verändert. Dass nun durch die Unterstützung die Aussichten auf erfolgreiche Rückeroberung des Schwamms gestiegen sind, mag sie ebenso zum Einstieg in die Rangelei motiviert haben, wie die Chance, den Übergriff zu vergelten. Im Verlauf der Situation lässt Patrick den Schwamm fallen. Dies kann entweder bedeuten, dass er nun mit beiden Händen in die Rangelei einsteigen will oder aber, dass er beide Hände braucht, weil er seine Unterlegenheit spürt und die Trophäe ausliefern, sich ergeben möchte. An dieser Stelle greift der Beobachter ein und beendet mit der Zurückgabe des Schwamms scheinbar den Streit um diesen. Doch die Situation außerhalb der Klasse, in der mehrere Schüler mit Patrick sozusagen ins Gericht gegangen sind, ließ den Autor mit Staunen feststellen, wie billig – und für den Jungen nachteilig – seine gut gemeinte Geste war: Denn bei der Inszenierung vor der Tür handelte es sich bestimmt um das Nachspiel der Rauferei um den Schwamm.

Bereits die knappen Ausführungen zu den Entscheidungsmöglichkeiten der Akteure verdeutlichen die Komplexität der Situation. Dass die Schüler in ihr nicht handlungsunfähig, sondern schnell zu reagieren in der Lage waren, lässt vermuten, dass sie ähnliche Abläufe kannten. Immerhin erscheint die Episode als abgeschlossene Handlung, die von Patrick eröffnet und vor der Tür zumindest vorübergehend beendet wird – und das im Zeitfenster einer kleinen Pause. Kennzeichnend für die einleitende Aktion ist ihr übergriffiger Charakter, wobei der Junge aber nicht eine plumpe Attacke auf das Mädchen ausführt, sondern ihre Person vermittelt über ihre Arbeit angeht. Diese versucht das Mädchen zu verteidigen. Im Folgenden überschreiten beide abwechselnd Grenzen und steigern damit nicht nur schrittweise die Intensität der Auseinandersetzung, sondern verändern auch ihr Thema: Aus der Störung des Tafeldienstes erwächst ein Kräftemessen zwischen mehreren Personen. Ebenfalls von Bedeutung ist, dass der Ausgang der Situation zumindest so lange offen blieb, bis Halimes Freundin eingegriffen und sich letztlich eine Gruppe gegen den Jungen gerichtet hat.

Auch in der *Linealausleihe* geschah etwas Ähnliches: Hier hat Ardi damit experimentiert, ob und wie er seinen Willen gegen den von Koray durchsetzen kann. Er schaffte es, den Beobachter so handeln zu lassen, als sei sein Versäumnis den Anforderungen des Mathematikunterrichts nachzukommen weniger tadelnswert als Korays unterlassene Hilfeleistung. Dass Ardi von Korays Haltung wusste, lässt vermuten, dass er bereits im Vorfeld versucht hat, ein Lineal bei diesem auszuleihen. Erst indem er aber den Beobachter als Instrument nutzte und vorschob, konnte Ardi sein Ziel erreichen. Denn Korays Widerwillen, sich vor dem Erwachsenen als unsolidarischen Mitschüler darzustellen, überwog den gegen die Herausgabe des Gegenstands.

Eine andere, aber in diesen Episoden besonders häufig vorkommende Erscheinung, ist die der Beleidigung. Besonders tief trifft sie Belma. Schließlich waren die Beleidigungsattacken auf sie zahlreich und wurden von der Gruppe publikumswirksam inszeniert. Die Vorführungen zeigten, dass Belma zwar formal gleichgestelltes Mitglied des Klassenverbands ist, ihr in der Gemeinschaft der Gleichaltrigen aber eher die Funktion einer Schießbudenfigur verpasst wurde. In ritualisierten Abläufen wird sie mehrfach zum „ekligen Ding“ herabgewürdigt und als Herabgewürdigte fällt es leicht, sie immer wieder zum Gegenstand von solchen Abläufen zu machen. Vergehen an ihr sind solange reizvoll, wie Belmas Schmerz noch Widerstand hervorruft, der aber selbst für den schwächsten Beleidiger durch den Schutz der Gruppe nur schwerlich zur Gefahr werden kann. Trotz dieser düsteren Lage bleibt festzuhalten, dass dic Gruppe an ihr interessiert ist – auch wenn zuweilen nur als Fußabtreter –, mit ihr in Kontakt steht und ihr damit regelmäßig die Chance eröffnet, sich zu behaupten.

Die Episode *Delfintherapie* bietet hierzu einen Kontrast. Aber selbst die Spielerei mit dem für die Schüler unscharf umrissenen Gegenstand der Geisteskrankheit beinhaltet für den Geneckten die Prüfung, ob er schlagfertig zu kontern in der Lage ist. Freilich war es für Daniel – als in der Tischgruppe akzeptierte Person – vergleichsweise leicht diese zu bestehen: Er signalisierte durch fröhlich-lockere Haltung Nähe zu den anderen und bediente sich einer unter den Schülern beliebten „Deine Mutter“-Formel um den Delfintherapie-Angriff zurückzuspielen. Dass der Schlagabtausch danach nicht fortgeführt, obwohl die Mutter als nahe Verwandte mitbeleidigt wurde, kann als Bestätigung der freundschaftlichen Nähe gelesen werden; vermag doch dieselbe Formel zwischen sich weniger wohlgesonnenen Gesprächspartnern ein Donnerwetter auszulösen.

Dieses tritt beispielsweise zwischen Fahir und Çag in der Episode *Kuchendiagramm* zu Tage. Unabhängig davon, ob dieser jenen unter Rückgriff auf den Rechtschreibtest provoziert hat, trug eine sprachliche Äußerung Fahirs dazu bei, dass Çag in Anwesenheit zweier Lehrerinnen während des Unterrichts mit körperlicher Gewalt reagierte. Erst dadurch, dass er geltende Grenzen überschritten hat, gab Çag den Außenstehenden einen deutlichen Hinweis darauf, dass er vor der Bewältigung einer schweren Krise gestanden hat. Fahir hingegen war es gelungen, mit einem kleinen Einsatz eine heftige Reaktion auszulösen.

Noch weniger ersichtlich bleibt der für die Rempelei ausschlaggebende Anlass in *Autorenlesung*. Vermutlich hat die Enge der Gänge dazu beigetragen, dass die Schüler sich gegenseitig ins Revier gekommen sind. Das heißt, dass selbst wenn dem Beobachter die Ursachen der Auseinandersetzung zwischen den Schülern unbekannt waren, er in ihr dennoch einen Streit gesehen hat. Ausschlaggebend war aber nicht der körperliche Austragungsmodus, sondern das Bild der gegenseitigen Übergriffigkeit. Dass das Hauptmerkmal von Streit nicht körperliche Gewalt sein kann, lässt sich durch eine gedankenexperimentelle Modifikation dieser Episode veranschaulichen: Angenommen, der Beobachter hätte um die Ecke eines Bücherregals die beiden Schüler gesehen. Davon aber einen regungslos auf dem Boden liegend, während der zweite noch auf diesem herumtrampelt. Es entstünde keinesfalls der Eindruck, dass es sich hierbei um einen Streit handelt – nämlich deswegen nicht, weil eine der beiden Parteien bereits chancenlos geschlagen ist.

Die letzte noch nicht angesehene Episode ist mit *Auswahl* betitelt. In ihr vollziehen sich Verhandlungen zwischen drei Parteien[19]: Es beginnt damit, dass die Vierergruppe ihren Wunsch an den Projektmitarbeiter heranträgt, zwei ihrer Freundinnen zum Spielen mitnehmen zu dürfen. Dieser entgegnet mit dem Hinweis auf seine imaginierte Warteliste von Interessenten und nennt zwei Schüler. Die darauf von Dana,

19 Von Zeki kann deswegen nicht gesagt werden, dass sie verhandelt, weil sie nicht mehr nachhakt, nachdem ihre Anfrage abgelehnt wurde.

Samir, Ardi und Halime geäußerten Begründungen, warum sie diese nicht dabei haben mögen, enthalten Abwertungen und wirken daher auf den nun anwesenden Patrick beleidigend. Nachdem dieser nicht mehr als eine Zurückweisung herausbringt, versucht ihn der Projektmitarbeiter zu unterstützen und argumentiert mit dem unterlassenen Protest der Vierergruppe von „damals“, womit er Patrick wiederum die Vorlage für seine Beschwerde liefert. Leider enthüllt dieser mit seiner Formulierung die manipulative Absicht des Erwachsenen: Nicht die vier Befreundeten haben Patrick etwas versprochen, sondern er! Um seine Glaubwürdigkeit bei den Schülern nicht noch weiter anzukratzen, entschließt der Projektmitarbeiter sich nun zurückzuhalten. Nach offenen Herabwürdigungen der Vierergruppe gegen Patrick und Zeki votieren Dana, Samir, Ardi und Halime dafür, lieber ihre Freunde auszuladen, als mit weniger beliebten Schülern zusammen zu sein. Diese Entscheidung kann als kleine Selbstbestrafung angesehen werden, die darauf abzielt, sich von der Anschuldigung des Projektmitarbeiters zu befreien. Letztlich endet die Situation für alle Beteiligten unbefriedigend, wobei insbesondere Patrick gedemütigt zurückbleibt.

Die exemplarisch aufgeführten Geschehnisse zeigen, dass das, was der Beobachter intuitiv als Streit aufgefasst hat, sich aus verschiedenen Anlässen entwickeln und mit unterschiedlichen Mitteln ausgetragen werden kann. In allen Episoden zeichnet sich aber *erstens* ab, dass eine Partei stets die Schwäche einer anderen zum Vorschein bringen will. Gestritten wird mit Auswirkungen auf das Ansehen der Person und damit auch auf deren Stellung in einer Gruppe. *Zweitens* kann nur wechselseitig gestritten werden. Sobald eine Partei chancenlos im jeweiligen Austragungsmodus gegen eine andere dasteht, vermag sie in diesem nicht zu streiten und wird deswegen zum Wechsel in einen anderen drängen.

II Zu Georg Simmels Abhandlung über den Streit

„Streit m. ‚Meinungs-, Rechtsauseinandersetzung, Hader, Zerwürfnis innerhalb einer Gemeinschaft', ahd. *strīt* ‚Auseinandersetzung mit Worten (über Meinungen oder rechtliche Dinge), Konflikt, Hader, tatsächlicher Kampf, Wettkampf, Empörung, Aufruhr' (8. Jh.), mhd. mnd. *strīt* ‚Auseinandersetzung mit Worten (vor Gericht) oder mit Waffen, innerer Kampf, Widerstand, Streitmacht, Heeresabteilung, Schlachtordnung, Rache, Streben' […]. In den oben angegebenen Bedeutungen ist *Streit* vor allem seit dem 19. Jh. gebräuchlich, nachdem älterer Gebrauch im Sinne von ‚Auseinandersetzung mit Waffen, Waffengang' gegen Ende des 18. Jhs. von *Kampf* übernommen wird. Den alten Sinn bewahren Streitaxt f. ‚als Hieb- oder Wurfaxt verwendete Axt', […] Streitwagen m. ‚mit Kriegern besetzter Kampfwagen' (15. Jh.) und Streitmacht f. ‚Kampfkraft eines bewaffneten Verbandes, kampfbereite Truppe' (18. Jh.)."[20]

Der Herkunft des Titelworts „Streit" folgend beginnt Simmel das vierte Kapitel seiner Schrift „Soziologie" mit der These, dass der Kampf „ohne Rücksicht auf seine Folge- oder Begleiterscheinungen" eine Vergesellschaftungsform sei: „Tatsächlich sind das eigentlich Dissoziierende die Ursachen des Kampfes, Haß und Neid, Not und Begier. Ist auf sie hin der Kampf erst ausgebrochen, so ist er eigentlich die Abhilfsbewegung gegen den auseinanderführenden Dualismus, und ein Weg, um zu irgendeiner Art von Einheit, wenn auch durch Vernichtung der einen Partei, zu gelangen […]."[21] Simmel geht seinen Gegenstand zunächst nüchtern und grundlegend an. „Naturgegebene Gegnerschaft" und Sympathie seien die beiden sich widerstreitenden Kräfte, auf deren Grundlage sich menschliche Beziehungen bildeten.[22] Auseinandersetzung ist notwendiger Bestandteil von Leben:

„Eine Gruppe, die schlechthin zentripetal und harmonisch, bloß »Vereinigung« wäre, ist nicht nur empirisch unwirklich, sondern sie würde auch keinen eigentlichen Lebensprozeß aufweisen […]. Wie der Kosmos »Liebe und Haß«, attraktive und repulsive Kräfte braucht, um eine Form zu haben, so braucht auch die Gesellschaft irgendein quantitatives Verhältnis von Harmonie und Disharmonie, Assoziation und Konkurrenz, Gunst und Missgunst, um zu einer bestimmten Gestaltung zu gelangen."[23]

---

20 Pfeifer, Wolfgang: Etymologisches Wörterbuch des Deutschen. 2005, S. 1378f.

21 Simmel, Georg: Soziologie. Untersuchungen über die Formen der Vergesellschaftung. 1958, S. 186.

22 Vgl.: Ebd. S. 196.

23 Ebd. S. 187.

So unterstreicht er wenig später die „positive und integrierende Rolle des Antagonismus“ am Beispiel des indischen Kastensystems mit der Bemerkung, dass „Feindseligkeiten“ direkt „soziologisch produktiv“ seien: „Sie geben Klassen und Persönlichkeiten oft erst ihre gegenseitige Stellung [...].“[24]

Mit Ausnahme weniger Grenzfälle[25] schreibt Simmel dem Kampf vereinheitlichende[26] Wirkung zu und führt diese an mehreren Erscheinungsformen aus, von denen hier das Kampfspiel, der Rechtsstreit und der Konkurrenzkampf anhand weniger Merkmale aufgegriffen werden.[27]

Erstere zeichne sich dadurch aus, dass in ihr der „Reiz des Kampfes und Sieges an und für sich“ stehe: „Hier kombiniert sich die rein soziologische Attraktion des Herrwerdens und Sichdurchsetzens gegen den anderen in Geschicklichkeitskämpfen: mit dem rein individuellen Genuß der zweckmäßigen und geglückten Bewegung; bei Hazardspielen: mit der Gunst des Schicksals [...].“[28] Vereinheitlichend ist das Kampfspiel insofern, als dass die Teilnehmer sich vor dem Spielbeginn zum Kampf zusammenfinden, verbindliche Regeln vereinbaren und diese während des Spiels einhalten.

Anders verhält es sich beim Rechtsstreit. Denn dieser ist nicht mehr Spiel, sondern Auseinandersetzung um ein „Streitobjekt“, das sich nicht in der „Lust am Kampf“ erschöpft.[29] Kennzeichnend für den Rechtsstreit ist, dass die Parteien die Regeln nicht mitbestimmen können und auch nicht für deren Befolgung zu sorgen haben. Stattdessen müssen sie

---

24 Ebd. S. 189f. Welche Rückwirkungen derartige Strukturen auf die Lebensverhältnisse der unterschiedlich gestellten Individuen und Gruppen – insbesondere auf ihre Bedürfnisse sowie Antriebe, damit letztlich auf den Kampf selbst – haben mögen, führt Simmel hingegen nicht aus. Gegen Unterdrückungsverhältnisse bleibe den Unterdrückten die Opposition als „innere Genugtuung, Ablenkung, Erleichterung“, die das Gefühl gebe, nicht vollkommen unterdrückt zu sein. Opposition ist nach Simmel daher zu nicht mehr in der Lage als zur Verfestigung der bestehenden (Miss-) Verhältnisse.

25 Diese würden sich dadurch auszeichnen, dass sie auf nichts außer Vernichtung abzielen. Ein Beispiel eines solchen „Grenzfalls“ seien die Kämpfe „[...] zwischen dem Räuber oder dem Rowdy und ihren Opfern.“ Ebd. S. 194f.

26 Die Begriffe vereinheitlichend und vergesellschaftend werden zumindest in diesem Kapitel m. E. nicht unterschieden.

27 Diese drei Formen werden im weiteren Verlauf der Untersuchung zur Streitschlichtung von Bedeutung sein, weshalb Simmels Betrachtungen zum ideologischen Streit sowie zur Feinschaft zwischen und innerhalb von Gruppen ausgespart werden.

28 Ebd. S. 200.

29 Vgl.: Ebd. S. 200f.

sich einer „sozialen Macht und Ordnung“ fügen, die die Einhaltung der Form des Verfahrens nach verbindlichen Gesetzen gewährleistet. Zudem findet die Verhandlung über den Gegenstand mit dem Anspruch auf „reine Sachlichkeit“ statt. Dieser beinhalte sowohl die „Entscheidung nur nach dem objektiven Gewicht der Gründe“ als auch die Gewährung eines gesicherten Raumes, um den Ablauf des Streits von äußeren Einflussfaktoren abzuschirmen.[30] Die Ausrichtung nach „reiner Sachlichkeit“ führe jedoch, obgleich der beabsichtige Ausschluss des „Unsachlich-Persönlichen“ aus dem Streit als quantitative Einschränkung gelte, zu einer gesteigerten „[...] Intensität, Unversöhnlichkeit und ausharrenden Konsequenz des Kampfes [...].“[31]

Im Unterschied zu den bisher genannten Formen ist der Konkurrenzkampf ein indirekter: „Wer den Gegner unmittelbar beschädigt oder aus dem Weg räumt, konkurriert insofern nicht mehr mit ihm.“[32] Stattdessen wird gekämpft, indem Rivalen sich in der Erreichung eines vom Kampf selbst unabhängigen Ziels messen. Dadurch würden die Gegner auf die „Verwirklichung objektiver Werte“ gedrängt. Wer diese am besten erreicht habe, entscheide der „Umworbene“, beziehungsweise die Masse der Umworbenen. Hierin gründe die „ungeheure vergesellschaftende Wirkung“ der Konkurrenz:

> „Ihr [der Konkurrenz; R.K.] gelingt unzählige Male, was sonst nur der Liebe gelingt: das Ausspähen der innersten Wünsche eines andern, bevor sie ihm noch selbst bewußt geworden sind. Die antagonistische Spannung gegen den Konkurrenten schärft bei dem Kaufmann die Feinfühligkeit für die Neigungen des Publikums bis zu einem fast hellseherischen Instinkt für die bevorstehenden Wandlungen seines Geschmacks, seiner Moden, seiner Interessen; und doch nicht nur bei dem Kaufmann, sondern auch bei dem Zeitungsschreiber, dem Künstler, dem Buchhändler, dem Parlamenta-

30 Vgl.: Ebd. S. 201f. „Während sonst selbst in den wildesten Kämpfen noch irgend etwas Subjektives, irgendeine bloß schicksalsmäßige Wendung, ein Eingriff von dritter Seite mindestens möglich ist, wird all solches hier durch die Sachlichkeit ausgeschlossen, mit der eben der Kampf und sonst absolut nichts vor sich geht.“

31 Ebd. S. 204. Ferner verweist er auf die Grenze von Rechtsansprüchen: S. 212: „Auf Gefühle, wie Liebe und Freundschaft, Rechtsansprüche geltend zu machen, ist ein Versuch mit einem völlig untauglichen Mittel. Die Ebene, in die man vom Boden eines Rechtes, eines äußerlichen oder innerlichen, aus greifen kann, berührt sich überhaupt nicht mit der, in der jene Gefühle liegen; sie mit einem bloßen Rechte, so tief und wohlerworben dies auch nach anderen Richtungen hin sein mag, erzwingen zu wollen, ist so sinnlos, wie wenn man den davonfliegenden Vogel, der längst außer Hör- und Sehweite ist, in seinen Käfig zurückbefehlen wolle.“

32 Ebd. S. 213.

rier. Die moderne Konkurrenz, die man als Kampf aller gegen alle kennzeichnet, ist doch zugleich der Kampf aller um alle."33

Somit werden gerade jene zu relativen Gewinnern im Konkurrenzkampf, die die Bedürfnisse der Masse erkannt, am besten befriedigt und ihr somit den größten „Gehorsam" erwiesen haben. Auch wenn Konkurrenz „immer irgendwelche Ungleichheiten fordert", sei sie doch die Art von Kampf, die rechtlich die geringsten Einschränkungen erfährt.[34] Lediglich das vorsätzliche Ruinieren eines schwachen durch einen offensichtlich ungleich stärkeren Gegner werde geahndet, was langfristig nicht auf Beschränkung sondern Wahrung von Verhältnissen hinausläuft, in denen Konkurrenz möglich ist.[35] Kritisch hebt Simmel hervor, dass die Dynamik des Konkurrenzkampfs die Gesellschaft korrumpiert. Ob über offenkundiges Unrecht hinweggesehen wird, hängt von der Höhe des Gewinns ab:

> „Wenn in einer von beiden Seiten freiwillig und unter gleichen Bedingungen begonnenen Rauferei der eine Teil schwer verletzt wird, so ist die Bestrafung des anderen insoweit durchaus nicht logisch konsequenter, als die eines Kaufmannes wäre, der mit loyalen Mitteln seinen Konkurrenten zugrunde gerichtet hat. Daß dies nicht erfolgt, hat teils rechtstechnische Gründe, hauptsächlich aber wohl den sozial-utilitaristischen: daß die Gesellschaft nicht auf die Vorteile verzichten mag, die die Konkurrenz der Individuen ihr bringt, und die weit den Abzug überwiegen, den sie durch die gelegentliche Vernichtung von Individuen im Konkurrenzkampfe erleidet."[36]

Während im Rechtsstreit an Gesetz und Moral gebundene „Sachlichkeit" dazu beiträgt, dass auch ausschließlich persönliche Anliegen „nach dem objektiven Gewicht der Gründe" entschieden werden, begünstigt die Objektivierung der Leistung in der Konkurrenz, dass das Ansehen des Leistungsträgers als Person hinter dem Resultat seines „persönlichen Könnens" verschwindet. Durch das Indirekte des Kampfs sind die Individuen weniger geneigt Mitleid zu entwickeln und sich aus Achtung vor der Person des Gegenübers zurückzuhalten:

> „Darum kann man mit Persönlichkeiten konkurrieren, mit denen man eine persönliche Kontroverse durchaus vermeiden würde. Durch die Wendung auf das Objekt bekommt die Konkurrenz jene Grausamkeit aller Objekti-

33 Ebd. S. 217.
34 Vgl.: Ebd. S. 227f.
35 Vgl.: Ebd. 230.
36 Ebd. S. 228.

vität, die nicht aus einer Lust am fremden Leide, sondern gerade darin besteht, daß die subjektiven Faktoren aus der Rechnung ausscheiden.“[37]

Die vereinheitlichende Wirkung des Streits besteht nach Simmel darin, dass Menschen oder auch Gruppen, die miteinander Kämpfen, dies nur auf der Basis gemeinsamer Regeln können, d.h. sie müssen vor Beginn des Streits entweder neue Regelwerke verhandeln oder bereits bestehende anerkennen.[38]

III Der theoretische Zuschnitt von Streit und Konflikt in der Schulmediationsliteratur

Im Vergleich zu der unüberschaubaren Fülle an Literatur, in der die Themen Konflikt und Gewalt aus den unterschiedlichsten Anlässen und Perspektiven betrachtet werden, ist Simmels explizite Behandlung des Streits eine Rarität.

Auch die Forschungsliteratur zur Mediation in Schulen – selbst solche, die sich ausschließlich mit „Streitschlichtung“ befasst – kommt weitgehend ohne einen differenzierten Begriff von Streit aus. Tim Kantereits Untersuchung „Streitschlichtung in der Schule“ ist die einzige mir bekannte Arbeit in diesem Themengebiet, in der eine Definition von Streit vorgenommen wird. Doch obwohl er sich auf das oben angeschnittene Kapitel Simmels bezieht, unternimmt er nach wenigen Sätzen eine Beschränkung der Wortbedeutung auf „verbale Auseinandersetzung“ sowie „gewalttätige Handlung“:

„Ich werde ihn [den Streit; R.K.] in meiner Arbeit als Eskalationsform von Konflikten definieren. D.h. Konflikte liegen einem Streit zu Grunde, sind Auslöser von Streit oder: Streit ist die sichtbare Austragungsform von Konflikten. Demnach scheint es angebracht den Begriff Konflikt näher zu erläutern und mich im Folgenden auf diese klare begriffliche Unterscheidung zu stützen.“[39]

Indem der Begriff „Streit“ auf diese Weise zum Etikett für ein schmales Spektrum beobachtbarer Ausdrucksgestalten gemacht wird, verliert er seinen Bedeutungsüberschuss. Als operationalisierter Gegenstand er-

---

37 Ebd. S. 231. Vgl. hierzu auch Adorno, Theodor W.: Anmerkung zum sozialen Konflikt heute. 2003. S. 182.

38 Vgl.: Adorno, Theodor W.: Anmerkung zum sozialen Konflikt heute. 2003, S. 178.

39 Kantereit, Tim: Streitschlichtung in der Schule. Konzepte und Praxis unter der pädagogischen Lupe. 2008, S. 7.

scheint er hier als Resultat, nicht mehr als Prozess. Die dadurch entstandene Lücke in der theoretischen Fundierung füllt Kantereit mit dem Konflikt und seinen Ursachen. Dieses Vorgehen hat zwei Vorteile: *Erstens* darf Streit seine alltagssprachliche Bedeutung beibehalten, sodass diese sich wieder mit den Intentionen der Autoren von Streitschlichterprogrammen als Konzepten zur Gewaltprävention deckt. *Zweitens* können die sperrigen Überlegungen Simmels zugunsten eines bescheideneren theoretischen Konstrukts über Bord geworfen werden; bescheidener in der Hinsicht, als dass es weitaus weniger über komplexe Wechselwirkungen aufklärt. Stattdessen werden mehrere Kurzdefinitionen des Konfliktbegriffs aufgelistet, danach verschiedene Konflikttypen und schließlich mögliche Ursachen genannt.[40] Kantereits Darstellung sieht demzufolge den Streit als letztes Glied in der kausalen Kette Ursachen-Konflikt-Streit vor – sinnbildlich als Spitze des Eisbergs:

> „Wie bei einem Eisberg, bei dem der größte Teil unter Wasser verborgen eine Gefahr für die Schiffe darstellt, liegt nur der Tatbestand eines Konflikts im sichtbaren Bereich (vgl. Dulabaum, S. 81f.). Allein die eigentliche Konflikthandlung, der Streit, ist sichtbar.

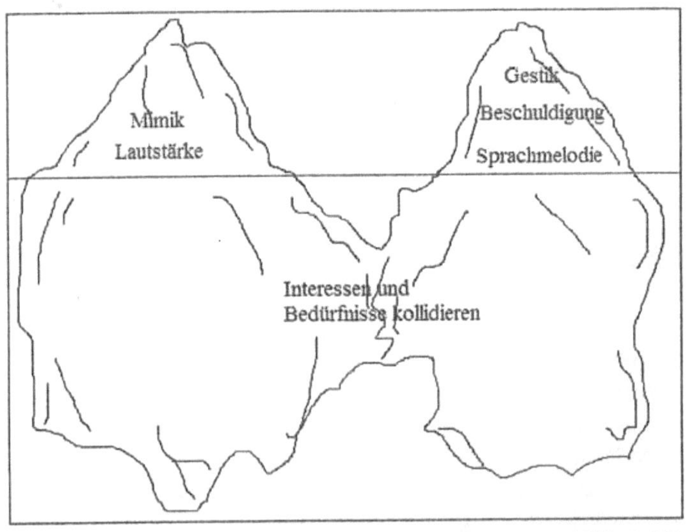

Abbildung 1: Eisbergkollision (verändert n. Dulabaum 2000, S. 82)

40 Vgl.: Ebd. S. 8ff.

> Doch die Suche nach den Interessen und Problemen kann zur Erkenntnis führen, dass der offensichtliche Streit durch einen Konflikt ausgelöst wurde, dessen Hintergründe woanders liegen. Eine Lösung ist nur dann möglich, wenn man diese unter der Oberfläche auf der Persönlichkeits- und Beziehungsebene sucht (Besemer 2007, S. 26). Oft liegen die eigentlichen Ursachen für einen Streit vor dem Blick verborgen, so wie der größte Teil des Eisbergs bis tief unter die Wasseroberfläche reicht."[41]

Begriffsdefinitionen und Deskription der Ursachen von Streit werden mit der Metapher des Eisbergs pointiert. Mit dieser soll der Leser vor einer voreiligen und schludrigen Konfliktdiagnose gewarnt werden, will er nicht wie die Titanic am Eisberg Leck schlagen und untergehen. Die Analogiebildung darf jedoch nicht überstrapaziert werden, weil sie sonst die theoretischen Vorarbeiten nicht abrundet, sondern auf fehlende Vermittlung hinweist: Obwohl Kantereits Darstellung der Konfliktursachen mit der Beschreibung schulischer und gesellschaftlicher Rahmenbedingungen anhebt[42] – namentlich „räumliche Enge oder überfüllte Klassen", „Leistungsdruck", „ungünstig verlaufende Sozialisationsprozesse", „mediale Gewaltdarstellungen" und Kinderarmut – lässt er sie im Eisbergmodell münden. Die anschließende Vermittlung zwischen dem Modell und den anfangs genannten Ursachen beläuft sich auf den Hinweis, dass „[…] auch strukturelle Bedingungen, wie räumliche Nähe oder Distanz, in der Schule auch Leistungsdruck und schlechter Unterricht, bei einem Konflikt zum Tragen kommen […]."[43] Als einziger Vermerk bleibt dieser jedoch zu schwach, um die vorgenommene Verlagerung der Konfliktursachen in das Individuum zu relativieren. Es fehlen Erläuterungen zu den Wechselwirkungen zwischen Innen und Außen, denn die strukturellen Gründe passen einfach nicht *in* den Eisberg. Ebenso irritiert der Hinweis, deren verborgener Teil stelle eine Gefahr für die Schiffe dar. Welche Schiffe überhaupt?

Im Eisbergmodell, das auf Menschen, letztlich auf den Schüler, übertragen werden soll, sind es die „Interessen und Bedürfnisse", die der Meeresströmung Angriffsfläche bieten, dadurch die Objekte in Bewegung setzen und zur Kollision bringen können. Außerhalb der Menscheisberge lassen sich problemlos die oben genannten gesellschaftlichen Rahmenbedingungen einzeichnen, womit das Modell einen düsteren,

---

41 Vgl.: Ebd. S. 12. (Mitzitierte Quellen: Besemer, Christoph: Mediation: Vermittlung in Konflikten. Baden, 2007. Sowie: Dulabaum, Nina L.: Mediation: Das ABC – Die Kunst, in Konflikten erfolgreich zu vermitteln. Weinheim, Basel, 2000.)

42 Vgl.: Kantereit, Tim: Streitschlichtung in der Schule. Konzepte und Praxis unter der pädagogischen Lupe. 2008, S. 11.

43 Ebd. S. 12.

aber auch kritischen Gehalt bekommt: Unterkühlte Einzelpersonen werden anhand ihrer „Interessen und Bedürfnisse“ derart von den Kräften vorherrschender sozialer Verhältnisse gesteuert, dass sie gegen zeitweise Kollisionen mit den Folgen gegenseitiger Beschädigung nichts auszurichten vermögen. In einem glücklicheren Zustand befinden sich hingegen die – hier wohl das Schulpersonal versinnbildlichenden – Schiffe, die sich der Strömung widersetzen, diese aber ebenfalls nicht ausschlaggebend verändern können.

Statt die Überlegungen zu den Konfliktursachen und deren Zusammenhängen zu Ende zu denken, wechselt Kantereit rasch von der Analyse zur Beratung. Betont wird das Potenzial von Konflikten, das es zu nutzen gälte: „Durch Konflikte können Schüler sich besser kennen- und einschätzen lernen. Sie können Neues über sich erfahren und lernen ihre Grenzen kennen [...].“[44] Darum spricht er sich erst für konstruktive Konfliktbearbeitung und anschließend für das Verfahren der Schülerstreitschlichtung aus.[45] (Die Empfehlung wird später durch seine Auswertung der erhobenen Schülerinterviews bekräftigt.[46])

Wie schon eingangs erwähnt zeichnet sich Kantereits Untersuchung dadurch aus, dass in ihr der Begriff des Streits überhaupt eine Betrachtung erfährt. Die weiteren von ihm aufgeführten theoretischen Vorannahmen zählen hingegen zum beliebten Inventar von Arbeiten zum Thema Mediation in Schulen. So nennt er unter anderen in seinen Begriffsdefinitionen den Satz Morton Deutschs „A conflict exists whenever incompatible activities occour.“[47], auf den schon David W. und Roger T. Johnson aufbauen[48] und der auch in einigen weiteren Veröffentlichun-

---

44 Ebd. S. 14. Vgl. hierzu auch S. 5f.

45 Vgl.: Ebd. S. 14ff. Siehe ebenso: Ehninger, Frank; Perlich, Marion; Schuster, Klaus-Dieter: Streitschlichtung und Umgang mit Gewalt an Schulen. 2007, S. 44: „Mediation als eine Form der konstruktiven Konfliktbearbeitung geht von einem positiven Verständnis von Konflikten aus. Im Gegensatz zu der weit verbreiteten Alltagsannahme, dass Konflikte etwas Schlechtes, Negatives und Unnützes sind, betont die Mediation den produktiven Charakter von Konflikten. Konflikte bilden den Motor für Veränderungen, sie sind Ausgangspunkte für Weiterentwicklungen und zwar sowohl auf der individuellen als auch auf der gesellschaftlichen Ebene.“ Siehe auch: Weißmann, Ingrid: Formen und Ausmaß von Gewalt in Schulen. 2007 S. 126f.

46 Vgl.: Kantereit, Tim: Streitschlichtung in der Schule. Konzepte und Praxis unter der pädagogischen Lupe. 2008, S. 55ff.

47 Vgl.: Ebd. S. 9. (Quelle: Deutsch, Morton: The resolution of conflict. 1973, S. 10.)

48 Vgl.: Johnson, David W.; Johnson, Roger T.: Teaching Students To Be Peacemakers. 1995, S. 2:4 u. S. 2:11.

gen zitiert wird.[49] Auch bezieht er sich auf Friedrich Glasl,[50] dessen Eskalationsstufen und Definition von sozialem Konflikt ebenfalls häufig anzutreffen sind.[51] Letztere lautet:

> „Sozialer Konflikt ist eine Interaktion
> - zwischen Aktoren (Individuen, Gruppe, Organisationen usw.),
> - wobei wenigstens ein Aktor
> - Unvereinbarkeiten
>
> im Denken/ Vorstellen/ Wahrnehmen
>
> und/ oder Fühlen
>
> und/oder Wollen
> - mit dem anderen Aktor (anderen Aktoren) in der Art erlebt,
> - dass im Realisieren eine Beeinträchtigung
> - durch einen anderen Aktor (die anderen Aktoren) erfolge."[52]

Ein weiterer Aspekt, den Kantereits Arbeit mit zahlreichen Texten zur Mediation in Schulen gemeinsam hat, besteht im Hinweis auf das Gewinn bringende Potenzial von Konflikten mit dem darauffolgenden Ratschlag zur konstruktiven Konfliktbearbeitung. Die längste Liste mit gleich elf „wünschenswerten Ergebnissen" führen Johnson und Johnson auf, von denen hier wenigstens die ersten exemplarisch genannt seien:

> „When conflicts are managed constructivly they have many desirable outcomes [...]. **First**, conflicts can increase the quantity and quality of achievement, higher-level reasoning, and creative problem solving. **Second**, conflicts can increase the qualtiy of decision making and problem solving. Higher level moral reasoning results from conflicts. **Third**, conflicts are essential for cognitive, social, and psychological development. Conflicts help a person mature. [...]"[53]

---

49 Beispielsweise: Klauß, Anna-Lena: Neue Erziehung in der Schule: Streitschlichtung und Trainingsraum. 2008, S. 5. Und: Caesar, Victoria: Verbreitung, Umsetzungspraxis und Wirksamkeit von Peermediation im Kontext schulischer Gewaltprävention. 2003, S. 15. Siehe auch: Jefferys-Duden, Karin: Konfliktlösung und Streitschlichtung. 2000, S. 23.

50 Vgl.: Kantereit, Tim: Streitschlichtung in der Schule. 2008, S. 7f.

51 Zitiert wird sie beispielsweise an folgenden Stellen: Haack-Wegner, Renate; Schrör, Cordula: Einführung der Streitschlichtung in einer Schule. Praxisforschung im pädagogischen Feld. 2005, S. 11f. Sowie: Bunke, Anke: Die Erprobung eines Streitschlichterangebots an der Bürgermeister-Grimm-Schule. S. 3. Und: Bründel, Heidrun; Amhoff, Birgit; Deister, Christiane: Schlichter-Schulung in der Schule. 1999, S. 9. Dass aber auch Zugänge anderer Autoren der Definition von Glasl nahe kommen können, zeigen die Ausführungen von Hartig. Vgl.: Hartig, Christiane: Auswirkungen der Tätigkeit von Schülerstreitschlichtern. 2006, S. 12.

52 Glasl, Friedrich: Konfliktmanagement. Ein Handbuch für Führungskräfte, Beraterinnen und Berater. 1999, S. 14f. (Die Formatierung ist dem Originaltext entnommen.)

53 Johnson, David W.; Johnson, Roger T.: Teaching Students To Be Peacemakers. 1995, S. 2:6ff.

Dass aus dem Umgang mit Konflikten neue, oft differenziertere, Denk- und Handlungsweisen hervorgehen können, gilt als gesichertes Wissen. Nutzbar gemacht wurde es bereits in der dialektischen Methode[54] und in Bezug auf die kognitive Entwicklung unter anderen von Piaget erforscht und belegt.[55] Die Argumente von Johnson und Johnson für eine konstruktive Konfliktbearbeitung haben demnach einen wahren Kern und es ist plausibel, sie sowohl wegen ihrer Lerneffekte als auch ihrer pazifizierenden Tendenz gerade in der Schule einführen zu wollen. Zugleich sind aber die oben exemplarisch aufgeführten Formulierungen problematisch. Denn sie verleiten dazu, über die wünschenswerten, positiven Entwicklungen für die Einzelperson den Blick für die Ursachen von Konflikten zu verlieren, die außerhalb der Individuen bestehen. Fehlt im Folgenden der Rückbezug zu diesen, bleibt wie vorhin im Umgang Kantereits mit dem Eisbergmodell[56] ein blinder Fleck. Für diesen spricht bereits die uneingestandene Alternativlosigkeit, mit der die konstruktive Konfliktbearbeitung gefordert wird: In einer Rahmung, in der der Staat das Gewaltmonopol inne hat, ist das ungehemmte, offene Ausweichen auf „destruktive Konfliktbearbeitung", als ihr logisch einzig mögliches Gegenstück,[57] grundsätzlich erschwert.[58]

Letztlich ermöglichen die blinden Flecke, dass neben scheinbar gelungenen Transformationen[59] von Konfliktbearbeitungsstrategien weitere unerkannte, destruktive Mechanismen unberührt bleiben. Dies hat Adorno in seinem Text „Anmerkungen zum sozialen Konflikt" vorweggenommen (freilich nicht in Bezug auf die Mediation in Schulen). So

54 Vgl.: Störig, Hans-Joachim: Kleine Weltgeschichte der Philosophie. 2004, S. 519ff. Und: Poser, Hans: Wissenschaftstheorie. 2006, S. 235ff.

55 Siehe hierzu den Abschnitt „Konflikte zwischen zwei Assimilationsschemata" in: Oerter, Rolf; Montada, Leo: Entwicklungspsychologie. 1995, S. 554.

56 Aufgegriffen wird dieses übrigens auch von Ortrud Hagedorn in: Konfliktlotsen. 2000, S. 7f. Und in: Blome, Susanne; Fürstenow, Marko; Janoschka, Thomas u. a.: Peer-Mediation. 2009, S. 86.

57 „Konflikte können konstruktiv oder destruktiv verlaufen [...]." Jefferys-Duden, Karin: Konfliktlösung und Streitschlichtung. 2000, S. 25 u. 37. Siehe auch: Johnson, David W.; Johnson, Roger T.: Teaching Students To Be Peacemakers. 1995, S. 2:5f.

58 Eine vergleichbare Unterscheidung, nämlich in gutartige und bösartige, wird von Weißmann in Bezug auf den Aggressionsbegriff (in Anlehnung an Erich Fromm) vorgenommen. Siehe: Weißmann, Ingrid: Formen und Ausmaß von Gewalt in Schulen. 2007 S. 16ff.

59 Vgl.: Bründel, Heidrun; Amhoff, Birgit; Deister, Christiane: Schlichter-Schulung in der Schule. 1999, S. 11. Und: Haack-Wegner, Renate; Schrör, Cordula: Einführung der Streitschlichtung in einer Schule. Praxisforschung im pädagogischen Feld. 2005, S. 11.

erkennt er schon 1968 die in den Theorien verbreitete Haltung, eher den produktiven Wert sozialer Konflikte als deren Schädlichkeit hervorzuheben. Diese Neigung lässt sich bereits in Simmels Abhandlung über den Streit auffinden[60] und wiewohl Adorno kritisiert, dass Simmel der Gesellschaft unabänderliche, antagonistische Grundstrukturen unterstellt, würdigt er dessen unverstellten Blick auf den Konkurrenzkampf:

> „Die jüngste Theorie des sozialen Konflikts schirmt sich durch ihre Begriffsbestimmungen dagegen ab, wahrzunehmen, was der Lebensphilosoph Simmel noch an der Transformation des gewalttätigen Kampfes von einst zur Konkurrenz als »Grausamkeit aller Objektivität« durchschaute, »die nicht aus einer Lust am fremden Leide, sondern gerade darin besteht, daß die subjektiven Faktoren aus der Rechnung ausscheiden«. [...] Das Wort sozialer Konflikt lenkt ab von dessen tödlichem Schrecken wie von seiner objektiven Basis in ökonomischen Antagonismen. Diese werden neutralisiert entweder zu Verhaltensweisen einzelner Individuen [...] oder zum Handel zwischen Gruppen, Organisationen und was immer es sei. [...] Konstatierbare und klassifizierbare soziale Phänomene werden, weil sie dem Zugriff empirischer Forschung umstandslos sich darbieten, mit deren letztem Substrat verwechselt. Die Frage nach ihrer Vermittlung durch die Klassenstruktur ist eskamotiert."[61]

Was ich an Kantereits theoretischen Vorannahmen, dem Eisbergmodell und im Zusammenhang mit der konstruktiven Konfliktbearbeitung versucht habe aufzuweisen, wird in diesem Zitat allgemeiner und ungleich schärfer formuliert.[62] Adorno erfasst die Gestalt der Theorien vor der Folie der gesellschaftlichen Verhältnisse ihrer Entstehungszeitpunkte und verdeutlich die Verwobenheit zwischen ökonomischen und geistigen Entwicklungen. Die durch die gewerkschaftliche Bewegung erstrittene materielle Besserstellung der Arbeiter habe gegen deren revolutionäres Aufbegehren gewirkt und sie letztlich dazu gebracht, den ehemaligen Feind als Verbündenten anzusehen. Hierdurch sei der Klassenkampf nicht erloschen, sondern nun mitsamt den Angestellten in ein neues ökonomisches System integriert. Der Kampf sei jetzt ein unsichtbarer, bringe aber weiterhin Klassengegensätze hervor, die zum Erhalt der Verhältnisse beitragen und sich durch diese reproduzieren. Adorno schreibt von der „Tendenz des Kapitals".[63] Die ist im Wesentlichen eine, die die Mitglieder ihrer Gesellschaft – wie einst die Arbeiter – kor-

---

60 Vgl.: Adorno, Theodor W.: Anmerkung zum sozialen Konflikt heute. 2003, S. 178.

61 Adorno, Theodor W.: Anmerkung zum sozialen Konflikt heute. 2003, S. 182f.

62 Ferner trifft es erstaunlich präzise die oben genannte Definition Glasls, obwohl sie Adorno noch nicht vorgelegen haben konnte.

63 Vgl.: Adorno, Theodor W.: Anmerkung zum sozialen Konflikt heute. 2003, S. 184.

rumpiert, womit sie bei gleichzeitigem Einschluss der Menschen in den Arbeitsapparat deren Isolation gegeneinander begünstigt.[64] Doch nicht nur hierin äußert sich die „Grausamkeit der Objektivität“, sondern auch in Verdrängungsleistungen im geistigen Bereich, vorwiegend als motivierte Kurzsichtigkeit. Als solche erschwert sie besonders in den Wissenschaften die Durchdringung der Gegenstände. Denn zu dieser müsste der Forscher nicht nur eine Rückvermittlung der Forschungsobjekte auf ihre Umgebung leisten, sondern mitbedenken, dass er und seine Arbeit in den gesellschaftlichen Verhältnissen miteinbegriffen bleiben und auf diese zurückwirken.[65]

> „Verlangt man darum strenge soziologische Definition dessen, was nun sozialer Konflikt sei, so blockiert man den Zugang zu diesem. Soll Erfahrung wieder gewinnen, was sie vielleicht einmal vermochte und wessen die verwaltete Welt sie enteignet: theoretisch ins Unerfaßte zu dringen, so müßte sie Umgangsgespräche, Haltungen, Gesten und Physiognomien bis ins verschwindend Geringfügige hinein entziffern, das Erstarrte und Verstummte zum Sprechen bringen, dessen Nuancen ebenso Spuren von Gewalt sind wie Kassiber möglicher Befreiung.“[66]

Dementgegen tendieren Arbeiten zur Mediation in Schulen dazu, schon aufgrund der Beschneidung ihrer Begrifflichkeiten Streit, Konflikt, Aggression, Gewalt, zu „konstatierbaren und klassifizierbaren Phänomenen“, dass der Konkurrenzkampf[67] zwar genannt, aber in seiner Bedeu-

64 Vgl.: Ebd. S. 188.

65 Ausführlich werden diese Zusammenhänge beschrieben in: Horkheimer, Max: Traditionelle und kritische Theorie. 1988, S. 170ff.

66 Adorno, Theodor W.: Anmerkung zum sozialen Konflikt heute. 2003, S. 193f.

67 Besonders mit dem Instrument der Notengebung wird dieser in der Regelschule verstärkt, kanalisiert und damit zu einer bestimmenden Kraft: „Weil gute Noten knapp sind, wird die Lerngruppe zum Konkurrenzfeld zwischen den Lernenden. Den Schülern ist bewusst, dass die einzelnen Noten in wichtige Schullaufbahnentscheidungen (Versetzungen, Abschlüsse) einmünden und es in der Konkurrenz mit den Mitschülern um die eigenen Berufs- und Lebenschancen geht. Es ist zu erwarten, dass langjährige Einübung von Schülern in diese Beziehungsstruktur zu Verhaltens und Bewusstseinsformen führt, die sich als *Leistungs-* und *Konkurrenzorientierung* beschreiben lassen. Zugleich wird gelernt, den Wert einer Person (auch den der eigenen) vor allem nach dem Kriterium der Leistungsfähigkeit zu Beurteilen.“ Tillmann, Klaus-Jürgen: Sozialisationstheorien. 2004, S. 174f. Dieses Kriterium kleidet sich (nicht zuletzt durch Darstellung als Zahlenwert) in das Kostüm sachlicher Distanz, was aber nichts daran ändert, dass Benotungen Personen bewerten, damit voneinander scheiden und gegeneinander treiben können: „Die gute Note ist die Vorbedingung zum beruflichen Erfolg, aber die können unmöglich alle in der gleichen Weise erreichen. So lohnt die gute Note nur, wo sie vereinzelt erreicht wird und andere schlechter abschneiden.“ Gruschka, Andreas: Negative Pädagogik. 2004, S. 153.

tung nicht hinreichend erfasst wird.[68] Denn erst die zu kurz greifende Rekonstruktion der Zusammenhänge erlaubt es, dass trotz Nennung strukturell bedingter Ursachen von Gewalt Verbesserungsvorschläge geäußert werden, die primär auf Verhaltensänderungen der Betroffenen abzielen.[69] Letztere sollen Missstände, die sonst wo liegen, mit konstruktiver Konfliktbearbeitung und verbesserten „sozialen Kompetenzen" ausgleichen.

> „Sozial kompetente Kinder unterscheiden sich in vielen Verhaltensweisen von anderen weniger kompetenten: Sie beobachten zunächst die Regeln einer Gruppe und gliedern sich störungsfreier ein, sie bestätigen mehr, imitieren, kooperieren, teilen, wechseln sich eher ab, stellen angemessenere Fragen, hören besser zu, können besser Perspektiven übernehmen, schätzen Absichten und Konsequenzen von Verhaltensweisen genauer ein [...]."[70]

Auffallende Ähnlichkeit besitzt die Vorstellung von sozialer Kompetenz mit den „Feinfühligkeiten für die Neigungen des Publikums", die die Individuen nach Simmel im Konkurrenzkampf entwickeln.[71] Um sich in diesen störungsfrei eingliedern zu können, müssen die Schüler sozial kompetent werden. Der Blick richtet sich deshalb erneut auf das Geschehen in der Schule.

---

68 Siehe: Caesar, Victoria: Verbreitung, Umsetzungspraxis und Wirksamkeit von Peermediation im Kontext schulischer Gewaltprävention. 2003, S. 94ff. Und: Ehninger, Frank; Perlich, Marion; Schuster, Klaus-Dieter: Streitschlichtung und Umgang mit Gewalt an Schulen. 2007, S. 15.

69 Siehe: Hartig, Christiane: Auswirkungen der Tätigkeit von Schülerstreitschlichtern. 2006, S. S. 15ff. Und: Kantereit, Tim: Streitschlichtung in der Schule. 2008, S. 11f. Auch die Arbeit von Ehninger, Perlich, Schuster u. a., in der gegenwärtige Schul- und Unterrichtsstrukturen kritisieren und Vorschläge für Veränderungen gemacht werden, begnügt sich letztlich doch mit der Einführung von Mediation und anderen Maßnahmen zur konstruktiven Konfliktbearbeitung. Vgl.: Ehninger, Frank; Perlich, Marion; Schuster, Klaus-Dieter: Streitschlichtung und Umgang mit Gewalt an Schulen. 2007, S. 80.

70 Jefferys, Karin; Noak, Ute: Streiten-Vermitteln-Lösen. Das Schüler-Streitschlichter-Programm. 1998, S. 9.

71 Vgl.: Simmel, Georg: Soziologie. Untersuchungen über die Formen der Vergesellschaftung. 1958, S. 217.

IV Die didaktische Bearbeitung von Streit und Konflikt

Statt Beobachtungen des Autors werden in diesem Abschnitt Arbeitsmaterialien mit fiktiven Beispielen aufgelistet, die sich die Verfasser von (deutschsprachigen) Programmen zur Einführung von Streitschlichtung in Schulen ausgedacht haben.

Um Schüler mit den Themen Konflikt und Streit vertraut zu machen, schlagen Jefferys und Noak der Lehrkraft folgenden Einstieg vor:

> „Wisst ihr, was ein Konflikt ist? Was empfindet ihr bei dem Wort, wie findet ihr Konflikte oder Streit? Konflikte sind nicht immer schlecht, es kommt darauf an, wie man sie löst. Wir wollen in den nächsten zehn Wochen lernen und üben, wie wir Konflikte gut bewältigen können. **Konflikte beschreiben: Die Folienvorlagen 1-4** zeigen verschiedene Konfliktsituationen. Mit Hilfe dieser Konfliktbilder soll nun in der Klasse versucht werden, „typische“ Konflikt- und Streitfälle in einem zweiten Schritt näher zu beschreiben. Falls einige Schüler/innen Schwierigkeiten haben, sich in die Personen hineinzuversetzen, kann die Situation nachgespielt werden. Leitfragen: Wie könnte es zu dieser Situation gekommen sein? Was denken/fühlen die Beteiligten? Wie könnte es weitergehen?“[72]

72 Jefferys, Karin; Noak, Ute: Streiten-Vermitteln-Lösen. Das Schüler-Streitschlichter-Programm. 1998, S. 17.

Folien 1–4:[73]

73 Ebd. S. 21ff.

In F2 und Abbildung 29 drückt ein Junge einen anderen an die Wand. In beiden Darstellungen befindet sich der in die Enge getriebene Schüler in einer Defensivhaltung. Mit dieser zeigt er, wohlmöglich im Anschluss an eine Rangelei, dass er weder an weiteren handgreiflichen Auseinandersetzungen Interesse hat noch versuchen wird, seinen Gegner verbal (beispielsweise mit Beleidigungen) zu attackieren. Während Abbildung 29 mit „Erpressung“ beschriftet ist, sind in Folie 2 noch viele weitere Handlungsstränge denkbar. Festzuhalten bleibt aber, dass in der Situation nicht mehr gestritten wird, sondern einer der Schüler sich bereits ergibt. Bei F3 und Abbildung 30 verhält es sich ähnlich. Obgleich die Darstellung von Jefferys und Noak wieder einen etwas größeren Interpretationsspielraum lässt, weil sie im Gegensatz zur Abbildung 30 keinen Untertitel trägt, ist die Vermutung nahe liegend, dass auch hier gelästert oder beleidigt wurde. Hierbei lässt sich in beiden Bildern über die Gestik sowohl die gekränkte Person erkennen als auch, dass diese nicht zum Gegenschlag ausholt, sondern resigniert. Auch in Abbildung 33 „Stehlen“ und 32 „Zerstören“ wird nicht gestritten. Es ist anzunehmen, dass diese Handlungen eher Stoff für zukünftige Auseinandersetzungen bieten oder aber, dass sie die Folge von vergangenen sind. So könnte sich der Junge beispielsweise an den Stühlen abreagieren und der Dieb an dem Mädchen Rache geübt haben. In F1 und Abbildung 31 („Ausschließen“) ist jeweils eine Person zu sehen, die neben einer Gruppe steht. In beiden Bildern liefert die Gestik der Gruppenmitglieder jedoch keine eindeutigen Hinweise darüber, ob sie die Ausgrenzung beabsichtigen oder die Ausgeschlossene sich nicht zur Annäherung traut. Den Haltungen und Gesichtsausdrücken der Zusammenstehenden ist aber eine fröhliche Stimmung abzulesen, die dazu beitragen könnte, dass sie das traurige, jeweils außenstehende, Mädchen nicht wahrnehmen. Vielleicht fühlt dieses sich ignoriert und wird infolgedessen versuchen, der Gruppe die erlittene Kränkung heimzuzahlen – momentan streitet aber auch in diesen beiden Darstellungen niemand.

Anders sieht es im Handgemenge in Abbildung 28 aus. Während einer der Schüler zum Faustschlag ausholt, greift der andere diesen an seinem Hemd, könnte ihn zerren oder ebenfalls boxen. Die beiden Jungs kämpfen und es ist noch nichts entschieden. Auch auf Folie 4 regt sich Widerstand. Zwar ist der Stoffhase schon enthauptet, aber anders als in Abbildung 32 ist die zerstörende Person nicht alleine dargestellt, sondern ihr gegenüber stehen eine Schülerin und ein Schüler, die den Übeltäter gerade anzuklagen scheinen und vielleicht schon im nächsten Augenblick ihr Kuscheltier rächen.

Zwischenbilanzierend kann festgehalten werden, dass die Mehrzahl der Bilder nicht Streit, sondern mögliche Resultate und Auslöser zeigt. Gemeinsam ist jedoch allen Darstellungen, dass in ihnen mit gängigen Normen des Zusammenlebens gebrochen wird. Selbst junge Kinder wissen schon, dass man andere nicht schlagen, beleidigen oder ausschließen sollte, dass es Eigentum gibt und dass das absichtliche Zerstören von diesem in der Regel nicht gerne gesehen wird. Insofern enthielten die Motive allerdings nicht mehr als unerwünschte Ausdrucksformen von Gewalt oder Aggression.[79] Noch unter Hinzuziehung der Textstelle von Beate Herzog könnte ohne die Aufforderung, sich mögliche Vorgeschichten und Kontexte zu den Geschehnissen auszudenken, schnell der Kurzschluss entstehen, Regelbrüche seien Streit. Solche möglichen, fiktiven Kontexte und Vorgeschichten hat Püschel in den Beispielen 1–5 konstruiert. Diese werden zunächst einer knappen Betrachtung unterzogen, um anschließend auf das in ihnen dargestellte Verhältnis von Regelbruch und Streit hinzuweisen.

In der ersten Geschichte, „Schlägerei", beginnt Denis mit Tobias eine körperliche Auseinandersetzung, aus der Tobias als Verlierer hervorgeht und noch am Boden liegend malträtiert wird. „Nur mit Mühe und Not kann Denis von zwei LehrerInnen von weiteren Tätlichkeiten abgehalten werden." Trotz dieses Ausgangs hat sich Tobias in der Erzählung erst verbal und schließlich körperlich zur Wehr gesetzt. Bereits deswegen könnte von Streit gesprochen werden; und wäre in der Schlägerei ein Schnappschuss gemacht worden, sähe dieser vielleicht der Illustration in Abbildung 28 „Schlagen" ähnlich. Ferner kommt es im weiteren Verlauf zu einer Unterlegenheitssituation, die zwar weitaus fataler ist, als die in Folie 2 und Abbildung 29 dargestellten, aber dennoch an diese erinnert – denn auch sie könnten in einen Schlagabtausch übergehen und einen am Boden Liegenden hervorbringen. Doch vor allem konstruiert Püschel den Kontext so, dass der Streit sich nicht in dem Handgemenge erschöpft, sondern dass dieses vielmehr wie eine Episode

79 „Gewalt an Schulen unterscheidet sich letztlich durch die verschiedenen Erscheinungsformen, wie physische Auseinandersetzungen, eine Prügelei z. B. oder psychischer Druck und Nötigung, hier erfolgt keine körperliche Gewalt, das Opfer wird bedroht und belästigt, um z. B. Geld zu erpressen. Verbale Gewalt ist eine andere Variante, wenn man an Mobbing denkt, erkennt man bei dieser Art der Gewalt eine große Nähe zur psychischen Gewalt." Klauß, Anna-Lena: Neue Erziehung in der Schule: Streitschlichtung und Trainingsraum. 2008, S. 10.

im Kampf um Moni wirkt. In Anlehnung an Simmel kann gesagt werden, dass die beiden Jungs (und wohlmöglich noch andere) um das Mädchen konkurrieren. Weil aber die „wilde Klopperei“ sowohl in der Schule als auch außerhalb nicht Dauerzustand ist, sticht der vorübergehende Wechsel des Streits in diesen Aufsehen erregenden Modus hervor, wie es bereits der Titel der Geschichte tut. Im Tumult gerät seine Rahmung aus dem Blickfeld, obwohl diese bereits durch den Kampf bestimmt war. Dass die Lehrkräfte sich genau an dieser Stelle einmischen zeigt, dass sie eine bestimmte Austragungsform missbilligen, nicht aber unbedingt, dass sie die Rivalität jetzt erst wahrnehmen. Mit der Unterbindung der von Denis gewählten Strategie, die eine direkte Schädigung des Gegners zur Folge hatte, verhindern sie zwar die „Vernichtung einer Partei“, beenden damit aber nicht zwangsläufig den Streit. Stattdessen stellen sie erneut den Zustand her, in dem eine störungsfreie Konkurrenz um Moni als Umworbene gewährleistet ist.

Auch in den beiden folgenden Beispielen lässt sich eine ähnliche Struktur nachzeichnen. So geht es in der zweiten Erzählung Püschels nicht nur um Sachbeschädigung und Beleidigung, sondern zugleich um Konkurrenz. Während Gottlieb, passend zu seinem Namen, in der Rolle des Klassenstrebers eingeführt wird, steht im Kontrast dazu der rabaukenhafte Norbert, dem bereits der Rausschmiss aus der Schule droht. Bezeichnend ist nicht nur, dass sich seine Aggressionen an Gottliebs Mitschriften aus dem Biologieunterricht entladen, sondern auch der Inhalt seiner Beleidigung. Denn diese stellt ihn als den coolen, harten Jungen dar, der es im Gegensatz zum strebsamen Musterschüler nicht nötig habe, „sich auf Baywatch einen runter zu holen“. Auch hier legt Püschel durch die Konstruktion seines Kontexts nahe, dass es sich bei den direkten Angriffen um einen zeitweise auftretenden Strategiewechsel im Rahmen eines umfassenderen Kampfes handelt. Vermutlich befürchtet Norbert zu Recht, bei der Verteilung von Lebenschancen in der Institution Schule neben dem Klassenstreber schlecht abzuschneiden. Weil er möglicherweise im Kampf um gute Zensuren und Beurteilungen Gottlieb das Wasser nicht reichen kann, versucht er diesen zu demoralisieren indem er ihn als Schwächling angeht, der für das andere Geschlecht uninteressant sei. Gestritten wird somit um gegenseitige Anerkennung, aber auch um schulische Leistung.

Im Beispiel „Diebstahl“ stellt Püschel die aus Osteuropa zugewanderte Tatjana als hübsches Mädchen mit gutem Auftreten vor, das von den Jungs der Klasse begehrt wird. Er beschreibt weiter, dass sie trotz ihrer Anstrengungen, Kontakt mit den Mädchen der Klasse aufzunehmen, von diesen gemieden wird und schließlich, dass Lisa, Laura und Nina während einer Klassenfahrt behaupten, von Tatjana bestohlen worden zu sein. Aufgrund des Kontexts und weil Püschel die Täterschaft im Text unaufgeklärt lässt, bleibt offen, ob die drei das Vergehen vielleicht bloß erfunden und Tatjana in die Schuhe geschoben haben, um sie zu diskreditieren. In diesem Fall würde ein ähnliches Bild entstehen wie in den ersten beiden Beispielen: Weil die gewünschten Erfolge im indirekten Kampf ausbleiben oder ungleich schwerer zu erzielen sind, greifen die Akteure auf Strategien zurück, die die Person des Gegners, hier das Ansehen, unmittelbar schädigen. Doch selbst wenn Tatjana tatsächlich die Diebin ist, bleibt festzuhalten, dass in der Geschichte ausschließlich im Modus der Konkurrenz gestritten wird. Gespräche zur Wahrheitsfindung bezüglich Täterschaft und Tat (Diebstahl oder Verleumdung), die als verbalen Streit bezeichnet werden könnten, liegen nicht in der Erzählung, sondern stehen als mögliche Themen der nachfolgenden Streitschlichtung im Raum.

In der fünften Kurzgeschichte vergeht sich der muskelprotzige Arnie an Nicole. Es handelt sich offensichtlich um ein unrechtmäßiges, hinterhältiges Zugreifen auf die wehrlose Schülerin, das glücklicherweise vom Hausmeister beendet wird. Unser intuitives Rechtsbewusstsein rebelliert auch gegen Arnolds Handlung, weil mit dem Vergehen am Körper des Mädchens eine eklatante Freiheitsbeschränkung einher geht. Denn sie wird nicht nur in einem Klassenzimmer festgehalten, sondern auch um die Chance gebracht, sich einen Partner nach ihren Interessen auszuwählen. Statt sie in der Position der Umworbenen zu belassen, hat Arnie sie zum Gegenstand gemacht, ergriffen und sich damit aus dem Konkurrenzkampf vorübergehend befreit. Die Situation beinhaltet das im Titel angekündigte Vergehen, doch keinen Streit, denn dieser wurde durch Arnolds Handlung unterbunden. Ebenso wenig wird im „Beispiel 4: Nötigung“ gestritten. Denn die Geschichte ist nicht so geschrieben, als hätten die vier Jugendlichen Tarkan Zeit zum Reden gelassen. Auch körperlich hätte er nichts gegen sie ausrichten können. Ferner schildert Püschel unmissverständlich, dass die Jungs an dem zufällig Vorbeigekommenen ihren Frust ablassen. Weil sie in der Werbung um Mädchen versagt, „keine abbekommen“ haben, bemächtigen sie sich einer anderen Person. Wahrscheinlich ist den vier Schülern bewusst, dass Tarkan aus religiösen Gründen keinen Alkohol trinkt und dass ihn zu Hause Ärger erwartet, wenn er sichtlich besoffen dort ankommt. Demzufolge enthält auch diese Geschichte statt Streit ein Vergehen, über dessen Wiedergutmachung aber in der Zukunft gestritten werden könnte.

Über die Tatsache hinaus, dass in den Beispielen 1 und 5 besonders schwere, gewalttätige Übergriffe auf Personen stattfinden, verraten die Kontexte der Erzählungen etwas über den hier geschaffenen Zusammenhang von Streit und den ausgewählten Regelbrüchen. Klar hervor treten seine Konturen aber erst durch Hinzunahme wenigstens einer Beschreibung Püschels, die er zu drei seiner Geschichten mitliefert:

> **„Offener Konflikt:**
> *Sichtweise A: Tobias*
> Ich hab gar nichts gemacht. Ich wollte nur die Treppe hoch, da boxt der mich in die Seite. Der Penner versucht das seit ein paar Wochen schon immer wieder.
> *Sichtweise B: Denis*
> Ich bin selbst beim Runtergehen geschubst worden und hab ihn nur kurz angerempelt. Da macht der gleich so'ne Welle und beschimpft mich als Arschloch. Der sollte lieber mal mit seinem ständigen Grinsen aufhören und aufpassen, wo er hintritt.
> **Verdeckter Konflikt:**
> *Sichtweise A – Tobias*
> Das Ganze geht *ab*, seitdem ich mit Moni geh. Der ist doch nur eifersüchtig und Moni sagt auch, dass der sowieso nur ein Schlappschwanz ist.
> *Sichtweise B – Denis*
> Nur weil er meint, er hätte mir die Perle ausgespannt, könnte er jetzt den großen Willi raushängen lassen. Dabei bin ich froh, dass ich die Ische los bin. Die hat sowieso jeder schon gehabt."[80]

Zunächst fällt ins Auge, dass der Autor das Geschehen nicht als Streit, sondern als Konflikt bezeichnet. Aus diesem Grund wird zur Darstellung des Verhältnisses von Streit und bestimmten Regelbrüchen versuchsweise ein dritter Begriff hinzugenommen, nämlich der des Konflikts. Diesem kommt auch hier die Funktion eines Wahrnehmungsfilters zu:

Würde die Situation mit dem begrifflichen Instrumentarium Simmels untersucht, käme heraus, dass die Prügelattacke vorrangig als Akt aus Hilflosigkeit im Konkurrenzkampf um Moni anzusehen ist. Ohne

---

80 Püschel, Helmut: Angry young man. 2000, S. 36.

den Übergriff damit zu rechtfertigen, stünde aus der Perspektive des Streitbegriffs eine Gemeinsamkeit der Parteien im Vordergrund, die darin besteht, dass beide um das eine Mädchen werben. Dass diese Information in der Beschreibung aber nicht hervorgehoben wird, deutet auf Desinteresse an ihr hin. Wohlmöglich ist das Wissen um die Rivalität als banal einzustufen und/oder es nützt nicht, das beabsichtigte Ziel anzuvisieren.

Stattdessen wird entsprechend dem Verständnis von Konflikt, als einer Situation in der „unvereinbare Handlungstendenzen aufeinander treffen" (Deutsch), die Unterschiedlichkeit der Sichtweisen akzentuiert. Während Tobias mit dem aktuellen Zustand zufrieden in der Beziehung mit Moni ist, wird der abgeschlagene Exfreund Denis von Gefühlen der Eifersucht geplagt. Dieser verleiht schließlich seiner Unzufriedenheit mit körperlicher Gewalt Ausdruck und verletzt damit Tobias *und* geltende Regeln.

Während ohne die Bindung an ein Ziel und an bestimmte Austragungsformen nicht gestritten werden kann, weil sie als fixierende Elemente erst die Messung der Streitenden ermöglichen, entstehen Konflikte anscheinend dann, wenn eine der Parteien mit dem aktuellen Zustand wesentlich unzufriedener ist als eine andere. Die „Unvereinbarkeit der Handlungstendenzen" besteht deshalb nicht darin, dass jede Partei die Erreichung des Ziels für sich in einem höheren Maß anstrebt als für die gegnerische, sondern im Hinblick auf die existierenden Regeln. Denn mit jenen werden prinzipiell die Akteure brechen wollen, die die Befriedigung ihrer Bedürfnisse außer Reichweite sehen, weil sie merken, dass die Mitstreiter ungleich besser mit ihnen zurechtkommen.[81]

Zum Wahrnehmungsraster des Konfliktbegriffs passt schließlich auch die Form, in der Püschel seine Beispiele beschreibt. Denn hierzu vollzieht er keine sachlich-distanzierte Analyse, sondern schildert das Geschehen (bereits im Hinblick auf die angenommene Praxis der Streitschlichtung) aus den Sichtweisen der Parteien. Zwar mögen auch die „sozialen Kompetenzen" von Tobias zu wünschen übrig lassen, weil er Denis durch seine Gestik provoziert und zudem später verbal beleidigt, doch ändert dies nichts daran, dass unsere geltenden Konventionen die

81 So konfligieren in einem Länderpokalspiel die Fußballmannschaften nicht um einen Titel, sondern sie kämpfen um diesen. Zu Konflikten führen erst Regelwidrigkeiten, wie Fouls im Spiel, die dann zu einer Unterbrechung des Wettstreits führen. *Andererseits* kann aber auch um Regelwerke gestritten werden, etwa um Tarifverträge oder Gesetze; d.h. die Regeln des Zusammenlebens sind nicht absolut, sondern beeinflussbar.

ratur zu dieser erwähnt wird, muss als Fall von Konkurrenz angesehen werden; selbst wenn die Verlierer in ihm von neuen Erkenntnissen profitieren können.[83] Morton Deutsch beschreibt die Vielschichtigkeit und Verwobenheit in einem seiner Aufsätze als Wechselspiel von Kooperation und Konkurrenz:

> „Most situations of erveryday life involve a complex set of goals and sub-goals. Consequently, it is possible for idividuals to be promotively interdependent with respect to one goal and contriently interdependent with respekt to another goal. Thus, for example, the members of a basketball team may be co-operatively interrelated with respect to winning the game, but competitively interrelated with respect to being the "star" of the team. It is also rather common for people to be promotively interdependent with respect to sub-goals and contriently interdependent with respect to goals or vice versa."[84]

Selbst in der Einfachheit des von Deutsch gewählten Beispiels kommt die Komplexität alltäglicher Situationen zum Vorschein und verweist auf die Schwierigkeit, Phänomene wie Streit zureichend in Ursache-Wirkungs-Relationen zu erfassen. Derartige Ansätze tendieren dazu, weil sie nicht auf die Zusammenhänge, sondern auf die zwangsläufig überfordernde Beschreibung einzelner Faktoren gerichtet sind, auf halbem Wege vor der Aufklärung ihrer Gegenstände stecken zu bleiben und praktische Ratschläge zu liefern – wie beispielsweise die Einführung konstruktiver Konfliktbearbeitung oder die Etablierung einer moralisch verbrämten Streitkultur[85]. Eine Alternative besteht in der Herangehensweise Adornos, der die Analyse der Gegenstände vor dem Hintergrund gesellschaftlicher Verhältnisse, insbesondere ihrer ökonomischen Grundzüge, vollzog. Im Falle des Streits zeichnete sich auf diesem Weg ab, dass Konkurrenz als für unsere gegenwärtige Gesellschaft und Schule konstitutives Element aus dem Blickfeld ausgeblendet wird – wohlmöglich in dem Wissen, dass sie dort, wo Menschen zusammenkommen, unumgänglich ist. Eben deswegen sollte sie jedoch verstärkt untersucht werden, besonders bezüglich ihrer Ausdrucksformen in Institutionen, die mit Erziehung beauftragt sind. Das Gegenteil ist der Fall.

Der österreichische Erziehungswissenschaftler Alfred Schirlbauer formuliert in seiner Schrift „Die Lehren des Krieges. Perspektive einer Pädagogik der Konkurrenz": „Der Motor des Bildungssystems, sein An-

---

83 Vgl.: Simmel, Georg: Soziologie. Untersuchungen über die Formen der Vergesellschaftung. 1958, S. 214f.

84 Deutsch, Morton: A Theory of Co-operation and Competition. 1949, S. 132.

85 Vgl.: Püschel, Helmut: Angry young man. 2000, S. 12f.

trieb, aber jüngst auch seine Direktsteuerung ist die Ökonomie."[86] Neben anderen Belegen für diese Einsicht führt er ein Zitat aus dem Programm der deutschen Bundesregierung mit dem Titel „Zukunftssicherung des Standorts Deutschland" (1993) an:

> „»Ein Leben in Freiheit, Frieden und Wohlstand ist nichts Selbstverständliches, sondern muß von jeder Generation neu erarbeitet und gesichert werden. Das Bewußtsein dafür muß in Deutschland wieder geschärft werden ... dazu gehören vor allem mehr Eigenverantwortung und Wettbewerb ... zu den Wettbewerbern aus anderen Industrieländern oder aus den dynamischen Volkswirtschaften Südostasiens sind neue Konkurrenten unmittelbar vor der eigenen Haustür gekommen...« Ein Kritiker dieses Programms schreibt dazu: »Die Nation wird einem großen Lernziel verpflichtet: der Konkurrenzfähigkeit.«"[87]

Selbst in Zeiten der Finanzkrise dürfte dieses Lernziel nicht an Stellenwert eingebüßt haben. Gleichwohl sind die Zusammenhänge zwischen Schule und Gesellschaft nicht auf den ersten Blick ersichtlich. Eben deshalb sollten sie konsequent in ihren verschiedenen Erscheinungsformen zurückverfolgt werden.

86 Schirlbauer, Alfred: Die Lehren des Krieges. 2001, S. 238.

87 Ebd. S. 236. (Mitzitierte Quellen: BMWI (Hrsg.): Zukunftssicherung des Standorts Deutschland. Bonn, o. J. Und: Ahlheim, Klaus; Bender, Walter: Internationale Konkurrenz, Standort Deutschland und Erwachsenenbildung. In: Lernziel Konkurrenz. Erwachsenenbildung im »Standort Deutschland«. Eine Streitschrift. Hrsg.: Dies. 1996, S. 9–15.)

Kapitel 2: Negotiation, Mediation, Schlichtung – das Verfahren und seine pädagogische Einbettung

Während der Begriff des Streits sowohl in den Programmen zur Einführung von Streitschlichtung als auch in der Forschungsliteratur zu diesem Thema eine oberflächliche Bestimmung erfährt, wird das im Titel genannte Verfahren, Schlichtung, mit dem der Mediation aufgefüllt. Sofern diese Verschiebung zur Sprache gebracht wird, biegen die Verfasser die schiefe Namensgebung durch Hinzugabe knapper Informationen zurecht.

> „Mediation bedeutet Vermittlung in Konflikten. [...] Die Erarbeitung von Lösungen wird so zu einem gemeinsamen Prozess der Streitparteien. Hierin unterscheidet sich die Mediation von einem Schlichtungsverfahren, bei dem sich die Konfliktparteien der Entscheidung einer dritten Person unterwerfen. Im Mediationsprozess – und das ist wesentlich und wichtig – bleibt die Verantwortung für die inhaltliche Bestimmung von Lösungsmöglichkeiten bei den Kontrahenten, denn diese Methode der Konfliktbearbeitung legt besonderen Wert auf die Herstellung und Erhaltung von Selbstbestimmung aller Beteiligten.“[88]

Grobe Missverständnisse können nun nicht mehr auftreten, weil der wesentliche Unterschied markiert ist. Die Frage nach der scheinbar unpassenden Namensgebung wird damit aus dem Blickfeld gedrängt und weil sie auch später nicht gestellt wird, darf vermutet werden, dass an ihrer Beantwortung kein Interesse besteht.[89] Auch außerhalb der auf den Schulbetrieb zugeschnittenen Mediationsliteratur existieren derartige Verschiebungen. Selbst wenn Autoren dort anscheinend ebenso wenig

---

88 Ehninger, Frank; Perlich, Marion; Schuster, Klaus-Dieter: Streitschlichtung und Umgang mit Gewalt an Schulen. 2007, S. 44; auch S. 54. Siehe auch: Jefferys-Duden, Karin: Das Streitschlichter-Programm. 2008, S. 9: „Der deutsche Begriff »Schlichtung« ist nicht ganz eindeutig, weil er zweierlei beinhaltet: Mediation und Schiedsverfahren. Anders als bei der Mediation unterwerfen sich die Konfliktparteien bei einem Schiedsverfahren der Entscheidung einer dritten Person. Der Begriff »Schlichtung« wird in diesem Buch immer synonym mit Mediation gebraucht.“ Und: Herzog, Beate: Unsere Schule Streitet mit Gewinn. 2007, S. 34. Und: Kantereit, Tim: Streitschlichtung in der Schule. 2008, S. 16. Siehe auch: Caesar, Victoria: Verbreitung, Umsetzungspraxis und Wirksamkeit von Peermediation im Kontext schulischer Gewaltprävention. 2003, S. 2.

89 Eine Ausnahme stellt der Text von Andreas Gruschka „Wenn zwei sich streiten, freut sich der Dritte“ (2006, S. 54ff.) dar, auf den später eingegangen wird.

nach deren Bedeutungen forschen, heben sie doch den Unterschied zwischen den Verfahren mit mehr Nachdruck hervor:

> „Mediatoren werden häufig in einem Atemzug mit Schlichtern, Schiedsmännern oder Gutachtern genannt und die Mediation als Verfahren verstanden, in dem ein sachkundiger Dritter die Probleme der Beteiligten aufgrund seiner eigenen Sachkenntnis auf rechtlichem Gebiet löst. Nur so sind plakative Überschriften wie „Der Mediator ist ein Schlichter, kein Richter", [...] „Mobbing: Mediatoren helfen schlichten" oder „Wenn zwei sich streiten, schlichtet der Mediator" zu verstehen. [...] Mediation hat sich aber gerade deshalb entwickelt, weil die Kompetenzen zur Regelung von Konflikten gerade nicht an Dritte übertragen werden, sondern in den Händen der Betroffenen verbleiben sollten. Darin ist auch der „rote Faden" der Mediation zu erkennen, die über Jahrhunderte und Jahrtausende die Selbstverantwortung der Konfliktparteien gestärkt hat."[90]

Ziel dieses Kapitels ist es, das Verfahren der Streitschlichtung näher zu beschreiben. Da dieses sich aber als Mediation versteht, wird zunächst Mediation im Allgemeinen (I) und danach Mediation in der Schule betrachtet. Hierbei fällt der Blick erst auf ein frühes, amerikanisches (II) und nachfolgend auf neuere, deutschsprachige Konzepte (III). Schließlich bleibt zu fragen, wo die Streitschlichtung innerhalb dieser Einrichtung des Bildungswesens zu verorten ist und welche Funktion ihr dort zukommt (IV).

---

90 Hehn, Marcus: Entwicklung und Stand der Mediation – ein historischer Überblick. 2009, S. 194 u. S. 177 u. S. 181. Siehe auch: Kracht, Stefan: Rolle und Aufgabe des Mediators – Prinzipien der Mediation. 2009, S.285.

I Mediation außerhalb der Schule

Zu Beginn seines historischen Überblicks über Mediation betont Hehn, dass diese weder in den USA ihren Ursprung hat noch eine Entwicklung der Neuzeit ist. Obwohl man ihren Ausgangspunkt nicht genau zurückdatieren könne, ließen sich Hinweise auf Mediation fast im gesamten Verlauf der letzten 2600 Jahre finden.[91] Zentral für das Verfahren sei der Vermittlungsgedanke, auf den bereits das griechische und das lateinische Stammwort verweisen.[92] Nach Hehn sind Prozesse, in denen Konflikte mithilfe von Verhandlungs- und Vermittlungsstrategien ohne „Staat und Richter" beigelegt wurden, „[...] vor der Entstehung materieller Rechtnormen und staatlicher Organisationsformen einzuordnen."[93] Neben China, in dem Mediation „seit jeher das hauptsächliche Mittel zur Beilegung von Konflikten" sei, und Teilen Afrikas, in denen sie ebenfalls bis heute eine ungebrochene Tradition darstelle, unterlag ihre Nutzung und Verbreitung in Europa in weitaus stärkerem Maß dem gesellschaftlichen Wandel. Hierbei unterscheidet er zwei große Epochen, wobei er die frühere vom Zerfall des weströmischen Reichs bis zum Aufkommen der europäischen Nationalstaaten im 16. Jahrhundert bestimmt und die daran anschließende bis in das 20. Jahrhundert hinein datiert. Während in der ersten die Verhandlung die Grundlage des Rechts bildete, kehrte sich dieses Verhältnis in der zweiten zunehmend um, indem das Recht zunehmend zur Grundlage jeder Verhandlung wurde. Zugleich trat anstelle der direkten Regelung von Konflikten durch die Streitparteien zunehmend die gerichtliche Entscheidung als fremdbestimmtes Verfahren.[94] Damit einher geht, dass der ebenfalls für die Mediation bestimmende Gedanke des Ausgleichs zeitweise in den Hintergrund getreten ist. Hehn führt als Beispiele die Transactio und das

91 Vgl.: Hehn, Marcus: Entwicklung und Stand der Mediation – ein historischer Überblick. 2009, S. 176.

92 „Im Griechischen bedeutet „*medos*" so viel wie „vermittelnd, unparteiisch, neutral, keiner Partei angehörend". Der lateinische Ursprung lässt sich auf das Stammverb „*mederi*" = „heilen, kurieren" zurückführen, von dem wiederum die Worte „*medicina*" = Heilkunst und „*meditatio*" = „Meditation, nachdenken über, sich mental einstimmen" abstammen. Auch „*mediatio*" = „Vermittlung" stellt eine Ableitung des Stammverbs „*mederi*" dar, so dass der „*mediator*" in seiner Funktion als „Mittelsperson oder als Bote auf die Mitte hin" verstanden werden kann. In der englischen Sprache wurde schließlich „*mediation*" daraus, im Deutschen spricht man von „*Mediation*". Hehn, Marcus: Entwicklung und Stand der Mediation – ein historischer Überblick. 2009, S. 178.

93 Ebd.

94 Vgl.: Ebd.

Wergeld an, die als Schadenswiedergutmachungen noch fester Bestandteil in mittelalterlichen Rechtsformen waren. Die direkte Verhandlung über Ausgleichsleistungen zwischen den Streitparteien sollte zur Schaffung einer „Basis für ein tragfähiges Miteinander für die Zukunft" dienen.[95] Am Beispiel des deutschen Strafrechts zeigt er die vorübergehende Abkehr von diesem Vorgehen:

> „Schon um die Wende vom 18. zum 19. Jahrhundert verschwanden sowohl die *Transactio* als auch das Wergeld immer mehr aus den strafrechtlichen Schriften. Maßgeblich dafür war eine veränderte Auffassung vom Staat im aufgeklärten Absolutismus, wonach alle Verbrechen nunmehr als mittel- oder unmittelbare Verletzungen des Staates angesehen wurden. Somit wurde auch die Strafe zur öffentlichen Sanktion, die nur dem Staat zustand und die der Täter zu dulden hatte. Die Beziehung zwischen Täter und Opfer spielte kaum eine Rolle. [...]
> Mit der Abnahme von Ausgleichs- und Vermittlungsgedanken ging eine **Zunahme rechtlicher Regelungen** einher. Ob es dafür einen inhaltlichen Zusammenhang gibt, mag dahingestellt bleiben. Jedenfalls ist ein zeitlicher Zusammenhang unverkennbar. Viele gesellschaftliche Bereiche wurden im 20. Jahrhundert verrechtlicht, den Betroffenen wurde die Lösung der Konflikte aus der Hand genommen und durch scheinbar bessere – weil universell verwendbare Normen – ersetzt.Diese Verrechtlichung findet sich in nahezu allen Bereichen des gesellschaftlichen Lebens. Sie umfasst sowohl das staatliche als auch das private Handeln. Man denke nur an DIN-Normen, Verwaltungsvorschriften oder Nachbarschaftsgesetze."[96]

Obgleich Hehn die Verpflichtung der Staaten und ihrer Bürger auf universelle Normen nicht mit der Ausweitung der Handelsbeziehungen in Verbindung bringt,[97] weist er auf die unangenehmen Folgen zunehmender Verrechtlichung hin. So tragen die immer detaillierteren Gesetzestexte aufgrund ihres vergrößerten Geltungsbereichs nicht nur zu einem enormen Anstieg der Gerichtsverfahren bei, sondern auch dazu, dass die

95 Ebd. 185.

96 Ebd. S. 186.

97 „Auf den Weltfriedenskongressen [ab 1843; R.K.] wurde deutlich, dass sich der ursprünglich religiös geprägte Pazifismus verändert hatte. Zwar spielte die religiöse Begründung immer noch eine Rolle, fand aber eine Ergänzung und Erweiterung durch die Freihandelsbewegung, die sich, von England ausgehend, mit der Friedensbewegung verband." Riesenberger, Dieter: Den Krieg überwinden. 2008, S. 10ff. In einer auf globalen Handel sich ausrichtenden Wirtschaft wirken selbst die religiösen Begründungen beschränkend und büßen im Angesicht fortschreitender technischer Aufklärung an Nachdruck ein, Staaten sowie Einzelpersonen auf den Frieden zu verpflichten. Erst die Aussicht auf Erfüllung materieller Wünsche durch ausgeweitete Handelsbeziehungen drängt zur Pazifizierung und bringt die Anerkennung bestimmter universeller Werte mit sich. Siehe hierzu: Beck, Ulrich: Wie wird Demokratie im Zeitalter der Globalisierung möglich? – Eine Einleitung. 1998, S. 26f u. S. 40ff.

Betroffenen immer weniger in der Lage sind, die hoheitlichen Entscheidungen nachzuvollziehen oder gar aktiv mitzugestalten.[98] Insbesondere in den Vereinigten Staaten drängten die Betroffenen von Zivilprozessen wegen der Langwierigkeit und der hohen Kosten der Verfahren auf eine alternative Lösung,[99] woraus sich eine Bewegung namens „Alternative Dispute Resolution (ADR)“ entwickelte. Selbst wenn aus dieser die moderne Mediation (mediation) sowie die Schiedsgerichtsbarkeit (arbitration) hervorgegangen sind,[100] betont Haft, dass zu Beginn die Beschäftigung mit dem Thema Verhandlung (negotiation) im Mittelpunkt stand. Dies lasse sich schon an den Titeln der in den Siebziger Jahren neugegründeten Forschungseinrichtungen erkennen, zu denen auch das Harvard Negotiation Project zählt, dessen Gründer und ehemaliger Direktor Roger Fisher mit „Getting To Yes“ eines der bekanntesten Bücher zu diesem Thema verfasst und 1981 veröffentlicht hat.[101] In den Augen Hafts ist daher Mediation „[...] die Unterstützung einer Verhandlung durch einen neutralen Helfer, der seine Tätigkeit als schlichte Dienstleistung begreift und ausübt. Im Zentrum steht also die Verhandlung, nicht die Mediation.“[102]

Auch Hehn stellt seiner Auflistung von Kennzeichen der modernen Mediation die Bemerkung voran, dass er diese in seinem Text als Verhandlungsverfahren mit bestimmten Eigenschaften auffasst. Diese sind:

„– Teilnahme eines unabhängigen/ allparteilichen Dritten
(Ein nicht am Konflikt beteiligter Dritter unterstützt den Prozess der Konfliktbearbeitung insbesondere durch Strukturierung des Verfahrens und den Ausgleich von Macht- und Informationsungleichgewicht.)
- Einbeziehung möglichst aller von einem Problem betroffenen Parteien (Alle Personen und Gruppen, die von einem Problem tatsächlich betroffen sind, sollen am Mediationsverfahren teilnehmen.)
- Weitgehende Freiwilligkeit der Teilnahme
(Keiner der Beteiligten unterliegt einem – möglichweise sogar gesetzlich normierten – Zwang, an dem Mediationsverfahren teilzu-

98 Vgl.: Hehn, Marcus: Entwicklung und Stand der Mediation – ein historischer Überblick. 2009, S. 176.

99 Vgl.: Haft, Fritjof: Verhandlung und Mediation. 2009, S. 73f. Hehn nennt Probleme „bei der Durchsetzung staatlicher Bau- und Planungsvorhaben seit den frühen Siebziger Jahren“, die ebenfalls zur Findung alternativer Formen der Konfliktregelung in den USA gedrängt haben sollen. Vgl.: Hehn, Marcus: Entwicklung und Stand der Mediation – ein historischer Überblick. 2009, S. 187.

100 Vgl.: Haft, Fritjof: Verhandlung und Mediation. 2009, S. 74.

101 Vgl.: Ebd. S. 70.

102 Ebd.

nehmen. Insbesondere hat jede teilnehmende Partei jederzeit die Möglichkeit, die Mediation zu verlassen.)

- Vertraulichkeit der Verhandlung
  (Keiner der Beteiligten – auch nicht der Mediator – trägt ohne ausdrückliche Absprache Informationen aus einem Mediationsverfahren nach außen.)
- Ergebnisoffenheit der Verhandlung
  (Mediationsverfahren dienen nicht der Durchsetzung bestimmter, von vornherein festgelegter Ziele. Vielmehr setzen sie an dem Punkt an, der von allen Beteiligten gleichermaßen als Basis für die zu treffende Entscheidung angesehen wird.)
- Selbstbestimmung der Konfliktparteien
  (Die Konfliktparteien nehmen selbst ihre eigenen Interessen wahr und entscheiden auf der Basis aller notwendigen Informationen selbstständig über die Art und Weise, wie ein Konflikt zu lösen ist. Die Entscheidung wird nicht von einem Dritten vorgegeben.)"[103]

Wenngleich das Rechtswesen in Deutschland und anderen Ländern laut Haft nicht die Mängel aufweist, die in der Vergangenheit beim amerikanischen virulent wurden,[104] haben sich auch hier die ADR-Verfahren etabliert. Verhandlungen nach den oben genannten Kriterien finden mittlerweile in unterschiedlichen Bereichen, wie Umwelt, Familie, Politik, Schule sowie Wirtschaft statt und erhielten sogar – beispielsweise in Form des gesetzlich geregelten Täter-Opfer-Ausgleichs in Deutschland[105] und des außergerichtlichen Tatausgleichs in Österreich[106]– Einzug in die Rechtsprechung. Neben den Vorteilen für die Streitparteien, dass sie den Prozess stärker mitbestimmen, in einem größeren Umfang ihre Beweggründe kommunizieren und daher Interessen wohlmöglich nachhaltiger vermitteln können, gründet die Attraktivität der Mediation in ihrer Kostengünstigkeit gegenüber herkömmlichen Gerichtsverfahren.[107]

---

103 Hehn, Marcus: Entwicklung und Stand der Mediation – ein historischer Überblick. 2009, S. 177.

104 Vgl.: Haft, Fritjof: Verhandlung und Mediation. 2009, S. 74.

105 Vgl.: Kracht, Stefan: Rolle und Aufgabe des Mediators – Prinzipien der Mediation. 2009, 284.

106 Vgl.: Hehn, Marcus: Entwicklung und Stand der Mediation – ein historischer Überblick. 2009, S. 191.

107 Das von Eucon e.V. erstellte Schaubild findet sich in: Horst, Peter M.: Die Kosten des Mediationsverfahrens. 2009, S. 1171.

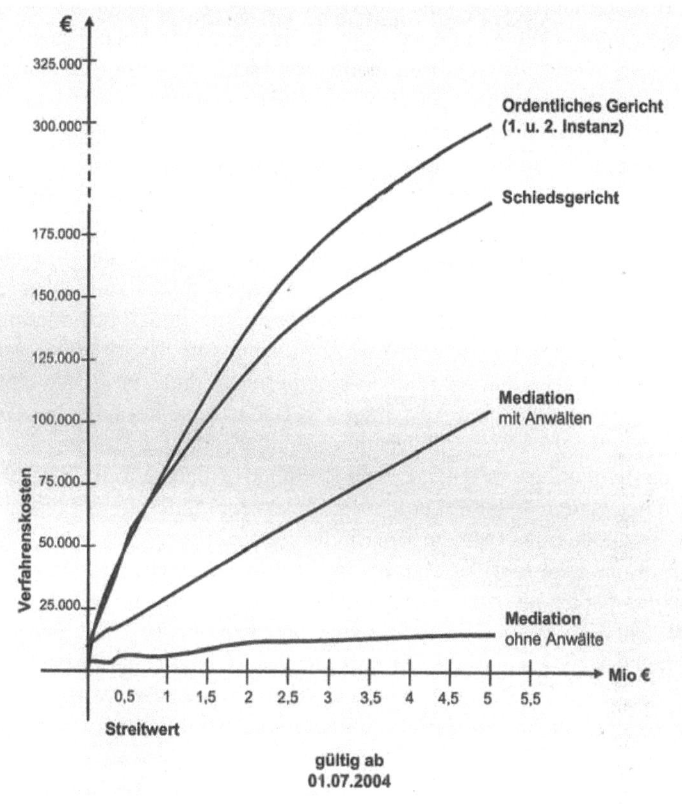

Dennoch beträgt der Durchschnittsstundensatz eines Mediators stattliche 149 Euro,[108] wobei die Berufsbezeichnung „Mediator" in Deutschland nicht geschützt ist und es bislang keinen gesetzlich geregelten Ausbildungsgang gibt.[109] Zahlreiche Verbände, wie beispielsweise der Bundesverband Mediation, versuchen deshalb durch die Erstellung von Standards die Qualität der Dienstleistung sicherzustellen und die Professionalisierung der Mediatoren voranzutreiben.[110]
Dass vor allem die Vereinheitlichung im Hinblick auf das Verfahren weit fortgeschritten ist, lässt sich daran ablesen, dass nicht nur die oben

108 Vgl.: Ebd. S. 1156.
109 Vgl.: Nierhauve, Christian: Standards der Mediation – Best Practice. 2009, S. 1177.
110 Vgl.: Ebd. S. 1174.

von Hehn genannten Merkmale der „unterstützten Verhandlung" in der Literatur durchgängig zu finden sind, sondern auch ihr Ablaufschema.

Dieses wird zumeist in fünf oder sechs Phasen beschrieben, je nachdem, ob die Vorbereitung als einzelner Schritt gewertet wird[111] In dieser *ersten* sogenannten prämediativen Phase melden sich die Streitparteien bei dem Mediator, wobei es darum geht, dass alle Beteiligten sich auf das Verfahren einlassen und als Grundlage für dieses einen Mediationsvertrag abschließen. Dieser umfasst Arbeitsvereinbarungen, wie Zielsetzung, Regeln des gegenseitigen Umgangs, Höhe des Stundenlohns für den Mediator sowie eine ungefähre Einschätzung über die Dauer der Verhandlung. Erst in der *zweiten* Phase finden Informations- und Themensammlung und in der *dritten* die Interessenklärung statt. Letztere wird als Kern der Mediation angesehen, da es in ihr die hinter den Positionen stehenden Absichten und Bedürfnisse in sachlicher Darstellung hervorzubringen gilt. In der anschließenden *vierten* Phase sollen von den Parteien möglichst viele Lösungsvorschläge formuliert, aber erst in der *fünften* diskutiert und bewertet werden. Sofern eine Lösung in gemeinsamem Einverständnis ausfindig gemacht werden konnte, wird diese in der *sechsten* Phase zumeist schriftlich festgehalten. Ob dieses Abschlusspapier als rechtsverbindliche Vereinbarung aufgesetzt wird, sollte schon im Mediationsvertrag abgeklärt worden sein. Zumindest im Rahmen der zivilen Gesetze Europas gilt für den Mediations-Abschluss-Vertrag, dass die Beteiligten in den Vereinbarungen „[...] von gesetzlichen Bestimmungen abweichen können, wenn sie dies wünschen und wenn zugleich gewährleistet ist, dass nicht gegen zwingende gesetzliche Vorschriften verstoßen wird."[112] Mähler nennt die Mediation ein „typisches Konsensverfahren", in dem die Privatautonomie in der Vertragsgestaltung ihren Ausdruck findet.[113] Diese wird von der gesetzlichen Rahmung gleichermaßen beschränkt wie umfassend gewährleistet. Das bedeutet ferner, dass in derartigen Mediationsverfahren bestehende Gesetze befolgt und nicht – wie noch zu Zeiten der von Hehn eingegrenzten ersten Epoche – verändert oder gar geschaffen werden:

> „Das Konsenssystem ist nur deshalb lebensfähig, weil es das Gesetzessystem gibt. Würde man es sich wegdenken, träte beim Scheitern eines Kon-

111 Zur folgenden Beschreibung siehe: Kessen, Stefan; Troja, Markus: Die Phasen und Schritte der Mediation als Kommunikationsprozess. 2009, S. 293ff. Und: Breidenbach, Stephan; Falk; Gerhard: Einführung in Mediation. 2005, S. 259ff.

112 Berger, Iris; Ukowitz, Robert: Die Stellung der Mediation im Rechtssystem. 2005, S. 111.

113 Vgl.: Mähler, Hans-Georg: Macht – Gesetz – Konsens. 2005, S. 97.

senses, der definitionsgemäß freiwilligen Charakter hat, an seine Stelle das Machtsystem. Weil die Nichteinigungsalternative, jedenfalls bei normativ geregelten Konflikten, zu gesetzlichen Richterlösungen führt, ist der Schwache dem Machtsystem nicht ohnmächtig ausgeliefert. Das Recht will den Schwachen vor ungerechter Behandlung schützen. Das ist der Kern."[114]

Dass die moderne Mediation, wie Haft es formuliert, aus dem Geist von Negotiation wiedergeboren wurde, lässt sich eindrücklich an den Übereinstimmungen des Ablaufschemas sowie der in ihm zu verwendenden Techniken mit dem Inhalt des Bestsellers von Fisher (in der neueren Auflage von Fisher, Ury und Patton) belegen. Zwei der grundlegenden Leitsätze ihrer Methode „principled negotiation"[115] fallen sogar mit oben genannten Phasen in eins: nämlich „Focus on Interests, Not Positions."[116] mit der dritten und „Generate a variety of possibilities before deciding what to do."[117] mit der vierten. Auch die in den deutschsprachigen Texten von Haft, Kessen, Troja, Breidenbach und Falk genannten Fähigkeiten und Techniken – wie aktives Zuhören und Paraphrasieren,[118] Perspektivwechsel und Empathie,[119] Bewusstmachung und Versprachlichung von Gefühlen,[120] Verwendung von Ich-Botschaften,[121] Trennung von Person und Problem,[122] das Brainstorming[123] und die Lenkung des Blicks von der Vergangenheit auf die Zukunft[124] – finden sich bereits im Grundlagentext des Harvard Negotiation Project.

114 Ebd. S. 98.
115 Vgl.: Fisher, Roger; Ury, William; Patton, Bruce: Getting to yes. 1999, S. 11.
116 Vgl.: Ebd. 41ff.
117 Vgl.: Ebd. S. 11f u. 58ff.
118 Vgl.: Ebd. S. 35f.
119 Vgl.: Ebd. S. 23f.
120 Vgl.: Ebd. S. 30ff.
121 Vgl.: Ebd. S. 37.
122 Vgl.: Ebd. S. 17ff.
123 Vgl.: Ebd. S. 62ff.
124 Vgl.: Ebd. S. 53f.

II Teaching Students To Be Peacemakers

„Teaching Students To Be Peacemakers“ wurde von David W. und Roger T. Johnson in der Mitte der Sechziger Jahre des letzen Jahrhunderts entwickelt[125] und stellt eines der ersten sowie richtungsweisenden Konzepte dar, in denen die Übertragung der Mediation auf die Schule geleistet wurde.[126] Es zielt letztlich auf eine Verbesserung des Schulklimas und damit einhergehend auf Verringerung von Gewalttaten seitens der Schüler. Erreicht werden soll dies in einem großangelegten, zwölfschrittigen Projekt, in dessen Kern alle Schüler zunächst in Verhandlungstechniken und schließlich zu Mediatoren ausgebildet werden.[127] Die Heranwachsenden sollen nicht nur grundlegend auf Gewalt zur Regelung ihrer Angelegenheiten verzichten und stattdessen auf Absprachen setzen, sondern sollen in diesen ihre gegensätzlichen Interessen als gemeinsames Problem verhandeln und lösen, nicht Sieger und Besiegte hervorbringen.[128] Das vorgeschlagene Modell „Problem Solving Negotiation“ sieht hierzu sechs Schritte vor, die bereits an ihren Titeln den Einsatz von Techniken erahnen lassen, die sich mit denen in „Getting to yes“ decken:[129] 1. „Describe What You Want (Your Interests)“, 2. „Describe Your Feelings“, 3. „Exchanging Reasons For Positions“, 4. “Understanding The Other's Perspective”, 5. „Inventing Options For Mutual Gain“ und 6. „Reaching A Wise Agreement“. Weitere der gängigen „tools“ in beratschlagend-anweisender Formulierung finden sich in den Erläuterungen zu den einzelnen Schritten, beispielsweise:[130] „Focus On Wants And Interests, Not Positions“, „Make personal statements that refer to „I,“ „me,“ „my,“ or „mine.““, „Paraphrasing“, „Enlarging The Shadow Of The Future“, „Check Your Perception Of Another's Feelings“, „Invent Creative Options“ usf.

Die hierauf aufbauende Mediation wird als unterstützte Verhandlung aufgefasst. Als solche sieht ihr Ablauf auch im Kern die Abarbeitung an den sechs Schritten vor, eben unter Beihilfe eines Schülers als

125 Vgl.: Johnson, David W.; Johnson, Roger T.: Teaching Students To Be Peacemakers. 1995, S. 2:11.

126 Vgl.: Gruschka, Andreas: Wenn zwei sich streiten, freut sich der Dritte. 2006, S. 55.

127 Vgl.: Johnson, David W.; Johnson, Roger T.: Teaching Students To Be Peacemakers. 1995, S. 1:1ff.

128 Vgl.: Johnson, David W.; Johnson, Roger T.: Teaching Students To Be Peacemakers. 1995, S. 5:1ff.

129 Vgl.: Ebd. S. 5:6ff.

130 Vgl.: Ebd. S. 5:6 – S. 5:25.

neutralem Peer-Mediator.[131] Bevor dieser jedoch mit seiner Tätigkeit beginnen kann, müssen erst Kampfhandlungen zwischen den Streitenden, entweder durch Lehrkräfte oder Mitschüler, beendet werden („Step 1: End Hostilities"). Nachdem die noch von der Auseinandersetzung emotional Aufgewühlten mit speziellen Techniken[132] beruhigt worden sind, geht der Mediator auf sie zu, bietet seine Hilfe an und versichert sich ihrer Zustimmung zum Verfahren sowie dessen Regeln. Letztere verlangen Verzicht auf den Gebrauch von Beleidigungen, das Zugeständnis, andere ausreden zu lassen, ferner, ehrlich zu sein, das in der Mediation Gesagte vertraulich zu behandeln und letztlich der gemeinsam zu findenden Lösung nachzukommen („Step 2: Ensure Commitment To Mediation").[133] Die Schüler, die nicht sicher sind, ob sie ihre Angelegenheit im Rahmen der Peer-Mediation bearbeiten möchten, sollen von dem jeweiligen mediierenden Mitschüler daran erinnert werden, dass es zu einem Schiedsspruch durch den Lehrer oder gar den Direktor kommen wird, wenn sie sich der Mediation verweigern. In diesem Fall würden sie nicht nur ihre Selbstbestimmung einbüßen, sondern auch wohlmöglich weniger ihre Interessen befriedigen können.[134] Entscheiden sich die Parteien endlich für die Mediation, kann der Helfer damit beginnen, seine Mitschüler im Durchgang durch die abgewandelte sechsschrittige Verhandlung zu unterstützen („Step 3: Facilitate Negotiation").

Verändert ist diese nicht bloß insofern, dass nun ein Dritter hinzu kommt, sondern auch weil sich ein Vorfall ereignet hat, der gerade auf das Ausbleiben oder Misslingen von Verhandlung im gewünschten Sinne verweist. Diese Umstände schlagen sich in den Anweisungen im Ablaufplan nieder: „1. Describe what happened and what they want. 2. Describe how they feel. 3. Give the reasons and rationale for their wants and feelings. 4. Present their understanding of the other's perspective, wants, feelings, and rationale. 5. Develop three optional agreements that maximize joint outcomes. 6. Select one of the options and reach an agreement."[135] Die Abmachung soll abschließend verschriftlicht und

131 Die folgende Aufzählung bezieht sich auf die Seiten 7:3 – 7:23. Ebd.

132 Vgl.: Ebd. S. 7:5f. Zu diesen zählen u. a. das Schicken in eine Ruheecke, Austoben am Sandsack, Laufen, Liegestütze machen sowie verschiedene Atemübungen.

133 Vgl.: Ebd. S. 7:7f.

134 Vgl.: Ebd. S. 7:10.

135 Ebd. S. 7:8.

von den Beteiligten signiert werden („Step 4: Formalize The Agreement“).[136]

© Johnson & Johnson

Creative Conflict Contract

Major Learnings	Implementation Plans

Date ____________ Date of Progress Report Meeting ____________

Participant's Signature ____________________________

Signatures of Other Group Members ____________ ____________

____________ ____________ ____________

7: 30

136 Die Kopiervorlage des „Creative Conflict Contract“ findet sich zum Ende der theoretischen Ausführungen jedes Kapitels, beispielsweise auf S. 7:30.

Bei der Umformung des Verhandlungsschemas in das zur Mediation fällt auf, dass insbesondere der erste Punkt erweitert wurde. Er beinhaltet nicht mehr nur die Darlegung der Interessen als Ausgangspunkt der Verhandlung, sondern sieht nun erst vor, dass die Streitschüler nacheinander schildern, „was passiert" ist. Dem Mediator kommt die Aufgabe zu, die Parteien bei der möglichst vollständigen Darlegung der Umstände zu unterstützen, wozu er verhindern muss, dass sie sich bei der Schilderung des Konflikts (erneut) in Rage bringen. Bewerkstelligen soll er das mit Techniken wie Paraphrasieren, gezieltem Einsatz von Körpersprache und einer geschickten Führung des Gesprächs.[137] In dieser gilt es auf lückenhafte Darstellungen und Unstimmigkeiten zwischen den Parteien mit gezielten Fragen zu reagieren und die Schüler davon zu überzeugen, dass sie von künftiger Kooperation mehr Gewinn als von Konkurrenz zu erwarten hätten.[138] Eine weitere Änderung findet sich im vierten Schritt. Denn hier versucht der Mediator die durch die Eskalation des Streits scheinbar abhanden gekommene Empathie mithilfe einer Übung zum Perspektivwechsel wiederherzustellen. Entweder bittet er die Schüler darum, dass sie ihre Plätze (oder wenigstens ihre Mützen) tauschen und jeweils die im letzten Schritt genannten Gefühle, Interessen und Gründe des Gegenübers referieren oder er leitet ein aufwendigeres Verfahren an, das das Nachspielen der Konfliktsituation mit Rollentausch vorsieht.[139] Im Hinblick auf den sechsten Schritt fällt auf, dass es den Schülern in der Verhandlung noch freigestellt war, ob sie ihre Vereinbarung schriftlich festhalten und hierzu wohlmöglich das oben gezeigte Formular verwenden. Dagegen sieht der einstweilige Abschluss der Mediation vor, dass die Beteiligten die Lösungen in dem Vordruck eintragen und diesen durch ihre Unterschrift zu einem Kontrakt werden lassen. Beide Konfliktparteien erhalten je eine Kopie. Der Mediator wacht nicht nur über das Original, sondern auch über die Einhaltung der in ihm dokumentierten Vereinbarungen. Sollten die Schüler mit ihnen brechen, ist es seine Aufgabe, diese wieder an einen Tisch zu holen und erneut zu mediieren.[140]

Auffallend ist die Nähe des gesamten Texts zu den in I beschriebenen Leitlinien von „negotiation" (Verhandlung) und die ausdrückliche

137 Vgl.: Ebd. S. 7:11.

138 Vgl.: Ebd. S. 7:9ff.

139 Vgl.: Ebd. S. 7:17ff.

140 Vgl.: Ebd. S. 7:22f.

Reserviertheit gegenüber „arbitration" (Schlichtung).[141] Dies kommt nicht zuletzt daher, dass Johnson und Johnson, ebenso wie Hehn und Haft, Mediation als unterstütze Verhandlung verstehen. Nichtsdestoweniger unterscheidet sich das in „Teaching Students To Be Peacemakers" konzipierte Verfahren von der oben dargestellten außerschulischen Mediation. Zwar ist grundsätzlich nicht auszuschließen, dass Streitende sich zu einem Mitschüler begeben, um sich in einem schwierigen Problem helfen zu lassen, doch geht aus dem Kapitel über Mediation deutlich hervor, dass es in der Regel Lehrer oder Mitschüler sind, d.h. nicht die Streitenden selbst, die auf „Hostilities" (was mit Kampfhandlung und Anfeindung übersetzt werden kann) missbilligend reagieren. Das Problem wird also vornehmlich eines in den Augen Dritter, deren Anliegen darin besteht, etwas Störendes zum Verschwinden zu bringen. Auf diese Weise auserlesen, werden die Konfliktparteien befragt, ob sie sich der Mediation unter Beihilfe eines Mitschülers unterziehen wollen, weshalb Johnson und Johnson statt von Freiwilligkeit von einer Wahl sprechen: „Having their conflict mediated is the students' choice."[142] Da die Schüler im Rahmen des zwölfschrittigen Projekts aber alle verhandeln und mediieren gelernt haben, ist ihnen bekannt, dass die Ablehnung der Peer-Mediation unweigerlich zu einer Schlichtung durch Lehrer oder den Direktor führt und diese die Verweigerung zur selbstständigen Problembearbeitung vermutlich nicht belohnen werden. Außerdem wissen die Schüler, dass Lehrkräfte nicht unbedingt genügend Zeit haben, um Konflikte nach ihren Vorstellungen zu lösen. Statt sich ihre Geschichten ausführlich anzuhören, könnten sie vorschnell einen Schuldigen benennen oder die am Vorfall Beteiligten gleichermaßen sanktionieren. Daher mag sogar für jene Schüler die Zuflucht zum Lehrer unattraktiv werden, die sich in der Opferrolle wissen. Die in der Täterrolle dürften ohnehin eher zur Mediation als zur Schlichtung durch Schulpersonal tendieren, eröffnet sie doch die Chance, dass Lehrkräfte und Direktor von einem Zwischenfall überhaupt nichts mitbekommen und Bestrafungen gänzlich entfallen.

> „Peer mediation gives students an opportunity to resolve their dispute themselves, in mutually satisfactory ways, without having to engage the attention of a teacher. This empowers the students and reduces the de-

141 Vgl.: Ebd. S. 7:23 u. S. 2:15.

142 Ebd. S. 7:7.

mands on the teacher. The teacher can then devote less time to arbitration and discipline in general, and more time to teaching."[143]

Legitimiert wird die aus Lehrersicht obendrein noch zeitsparende Preisgabe konsequenter Rechtsprechung zu Gunsten der Nutzung des Mediationsverfahrens in Abwesenheit Erwachsener u. a. mit der Alltagserfahrung, dass sich Opfer und Täter nicht immer eindeutig bezeichnen lassen.[144] Vor allem aber geht es Johnson und Johnson um die Bestärkung der Selbstständigkeit der Schülerschaft:

> „The process of having a teacher or principal decide who is right and who is wrong seldom satisfies anyone, leaving at least one student with resentment and anger toward the arbitrator. More importantly, it reinforces students' beliefs that they are not capable of working out future dispute themselves. For these reasons, arbitration is the last resort for resolving conflicts within the classroom and school. In a way, arbitration is a threat to encourage the success of negotiation and mediation."[145]

Befinden sich die Schüler endlich in der Mediation, dürften sie zur Beilegung des Konflikts nicht nur aus Abneigung vor drohender Schlichtung motiviert sein, sondern auch, weil sie es als eigenes Versagen erleben, wenn sie trotz umfangreicher Schulungen keinen Kompromiss erzielen. Festgehalten werden kann, dass die hier vorgesehene Form der Freiwilligkeit im Verhältnis zu anderen außerschulischen Mediationsverfahren beschränkt ist, deshalb am ehesten der des Täter-Opfer-Ausgleichs entspricht. Ist erstmal eine Kampfhandlung vorgefallen, bleibt den Schülern die Wahl zwischen Peer-Mediation und Schiedsspruch durch einen Erwachsenen[146] – die Nichtbearbeitung des sogenannten Konflikts ist von Verfahrensseite ausgeschlossen. Dazu passt, dass in außerschulischen Mediationen in einem ersten Schritt im Mediationsvertrag sowohl Ziele als auch Verfahrensregeln vereinbart werden. Im Konzept von Johnson und Johnson sind letztere aber vorgegeben (nicht beleidigen etc.) und bestimmen wesentlich die Zielrichtung des

---

143 Vgl.: Ebd. S. 7:29.

144 Vgl.: Ebd. S. 7:20. Und: Gruschka, Andreas: Wenn zwei sich streiten, freut sich der Dritte. 2006, S. 54.

145 Johnson, David W.; Johnson, Roger T.: Teaching Students To Be Peacemakers. 1995, S. 2:16.

146 Genau genommen soll nach dem Scheitern einer Peer-Mediation sich erst der Lehrer als Mediator versuchen bevor er den Fall schlichtet. D.h. Bedingung für die Unterstützung durch den Lehrer ist die vorausgegangene Bereitschaft der Schüler zur Peer-Mediation. Eine Absage an diese führt laut Text unweigerlich zum Schiedsspruch durch einen Erwachsenen. Vgl.: Johnson, David W.; Johnson, Roger T.: Teaching Students To Be Peacemakers. 1995, S. 7:10 u. S. 7:23.

Verfahrens. Dies bedeutet eine weitere Einschränkung, die das in „Teaching Students To Be Peacemakers“ beschriebene Vorgehen erneut in die Nähe des Täter-Opfer-Ausgleichs rückt.[147] Peer-Mediation in der Schule stünde in diesem Vergleich zum Schiedsspruch durch Lehrkraft oder Direktor, wie der TOA zur Gerichtsverhandlung, könnte sozusagen die gesetzlich vorgesehene Bestrafung eines Täters durch Wiedergutmachungsleistungen[148] mildern oder gar ihren Erlass rechtfertigen.[149] Die Analogie scheitert jedoch an zwei Punkten. Erstens findet weder vor der Mediaton eine Zuschreibung der Täter- und Opferrolle, beispielsweise durch eine Lehrkraft, statt, noch während des Verfahrens durch den Peer-Mediator. Gerade dieser zeichne sich in dem Maß aus, in dem er sich neutral verhält und in seiner Gesprächsführung Schuldzuschreibungen unterlässt.[150] Zweitens steht der Grundsatz der Vertraulichkeit, wie er für die Mediation nach Johnson und Johnson gelten soll,[151] dem TOA entgegen. Weil der ausgefüllte „Creative Conflict Contract“ bei den Konfliktparteien und den Peer-Mediatoren verbleibt und auch sonst keine Informationen nach außen dringen dürfen, besteht keine vergleichbare Bindung an eine Instanz, die hoheitliche Entscheidungen fällen muss, wenn beispielsweise der Schadensausgleich unzureichend ist. Während Lehrkräfte von der Durchführung von Peer-Mediationen, damit auch von den in ihnen behandelten Ereignissen, nicht einmal in Kenntnis gesetzt werden müssen, gilt die Vertraulichkeit ebenso im Hinblick auf die Mitschüler. Mit Beendigung des Verfahrens mögen Medianden und Mediator daher wieder aus einer nicht-öffentlich zugänglichen Zone, beispielsweise einem eigens dafür eingerichteten Mediationsraum,[152] heraustreten, bleiben aber gehalten, die Diskretion zu wahren. Um Nachfragen durch Dritte vorzubeugen sollen die Beteiligen sogar pau-

147 Zum Täter-Opfer-Ausgleich in Schulen siehe: Weißmann, Ingrid: Formen und Ausmaß von Gewalt in Schulen. 2007 S. 136ff.

148 Vgl.: Johnson, David W.; Johnson, Roger T.: Teaching Students To Be Peacemakers. 1995, S. 7:21.

149 Vgl.: Kracht, Stefan: Rolle und Aufgabe des Mediators – Prinzipien der Mediation. 2009, 284. Und: Bund Deutscher Schiedsmänner und Schiedsfrauen e.V. (Hrsg.): Über die Bedeutung der vorgerichtlichen Streitschlichtung und die Arbeit der Schiedsämter/ Schiedsstellen und Schiedspersonen. 2008.

150 Vgl.: Johnson, David W.; Johnson, Roger T.: Teaching Students To Be Peacemakers. 1995, S. 7:3.

151 Nur in Fällen, in denen Alkohol, Drogen oder Waffen eine Rolle spielen, besteht für die Schüler die Pflicht, die Angelegenheiten an Erwachsene abzugeben. Vgl.: Ebd. S. 7:8.

152 Vgl.: Johnson, David W.; Johnson, Roger T.: Teaching Students To Be Peacemakers. 1995, S. 7:7.

schal verkünden, dass der Konflikt beigelegt wurde.[153] Diese Wahrung von Vertraulichkeit, die Annäherungs- und Geständnisbereitschaft erhöhen mag,[154] birgt daher die Gefahr, dass derartige Mediation zu einem rechtsfreien Raum wird und somit den Schutz des Schwächeren nicht mehr sicherstellt, den auch die Institution Schule zu gewähren hat.[155]

Auch die unter Schritt vier genannten Übungen zur Steigerung der Empathie durch Perspektivübernahme dürften in dieser Form außer in Schulmediationsverfahren höchstens noch in der Familienmediation, eher aber in der Familientherapie Anwendung finden. Man stelle sich einen Mediator vor, der etwa die Führungsriegen zweier Unternehmen bittet, ihre Hüte zu tauschen, um sich besser in die gegnerische Partei einfühlen zu können, oder gar dazu auffordert, dass sie ihren Konflikt mit vertauschten Rollen nachspielen. Unangebracht wäre dies insbesondere im Hinblick auf die zu verhandelnden Streitgegenstände, wie beispielsweise Bauvorhaben oder Tarifverträge.

An dieser Stelle wird die Untersuchung des Verhältnisses zwischen dem besonderen Vorgehen in der Schulmediation und ihren Anlässen unterbrochen und erst fortgesetzt, nachdem Abwandlungen des Verfahrens bei der mehr als zwei Jahrzehnte später erfolgten Übertragung ins Deutsche exemplarisch angesehen wurden.

---

153 Vgl.: Ebd. S. 7:23.

154 Vgl.: Gruschka, Andreas: Wenn zwei sich streiten, freut sich der Dritte. 2006, S. 58.

155 Vgl.: Ebd. S. 60f.

III Deutschsprachige Konzepte

Während Konzepte zur Peer-Mediation in den USA bereits ab den sechziger Jahren des letzten Jahrhunderts erprobt wurden, berichtet Renate Schmidt, dass sie in Deutschland erst in den Neunzigern „[...] mit der Einrichtung von Streitschlichtungsgruppen und mit dem Einsatz freiwilliger Konfliktlotsinnen und Konfliktlotsen [...]“ Einzug in Schulen fanden.[156] Auch hier gibt es Konzepte, wie das von Jefferys und Noak,[157] die ähnlich dem von Johnson und Johnson darauf zielen, alle Schüler zur Mediation zu befähigen (whole-school-approach),[158] und solche, die auf die Ausbildung einer Expertengruppe ausgerichtet sind (cadre approach), wie das von Bründel, Amhoff und Deister.[159] Im Unterschied zu dem eben beschriebenen amerikanischen Wegbereiter ist hingegen allen deutschsprachigen Programmen gemeinsam, dass sie weniger Verhandlung thematisieren, sondern vornehmlich Leitlinien, Techniken und Verfahren der Mediation darstellen. Dies tun sie dafür mit nur geringfügigen Abweichungen.

Exemplarisch seien die „SchlichtungsREGELN“ nach Beate Herzog und das Ablaufschema von Tim Kantereit aufgeführt:

156 Behn, Sabine; Kügler, Nicolle; Lembeck, Hans-Josef u. a.: Mediation an Schulen. 2006, S. 10.

157 Jefferys, Karin; Noak, Ute: Streiten-Vermitteln-Lösen. 1998.

158 Vgl.: Behn, Sabine; Kügler, Nicolle; Lembeck, Hans-Josef u. a.: Mediation an Schulen. 2006, S. 39f. Siehe auch: Johnson, David W.; Johnson, Roger T.: Teaching Students To Be Peacemakers. 1995, S. 2:13. Und: Klauß, Anna-Lena: Neue Erziehung in der Schule: Streitschlichtung und Trainingsraum. 2008, S. 12f.

159 Bründel, Heidrun; Amhoff, Birgit; Deister, Christiane: Schlichter-Schulung in der Schule. 1999.

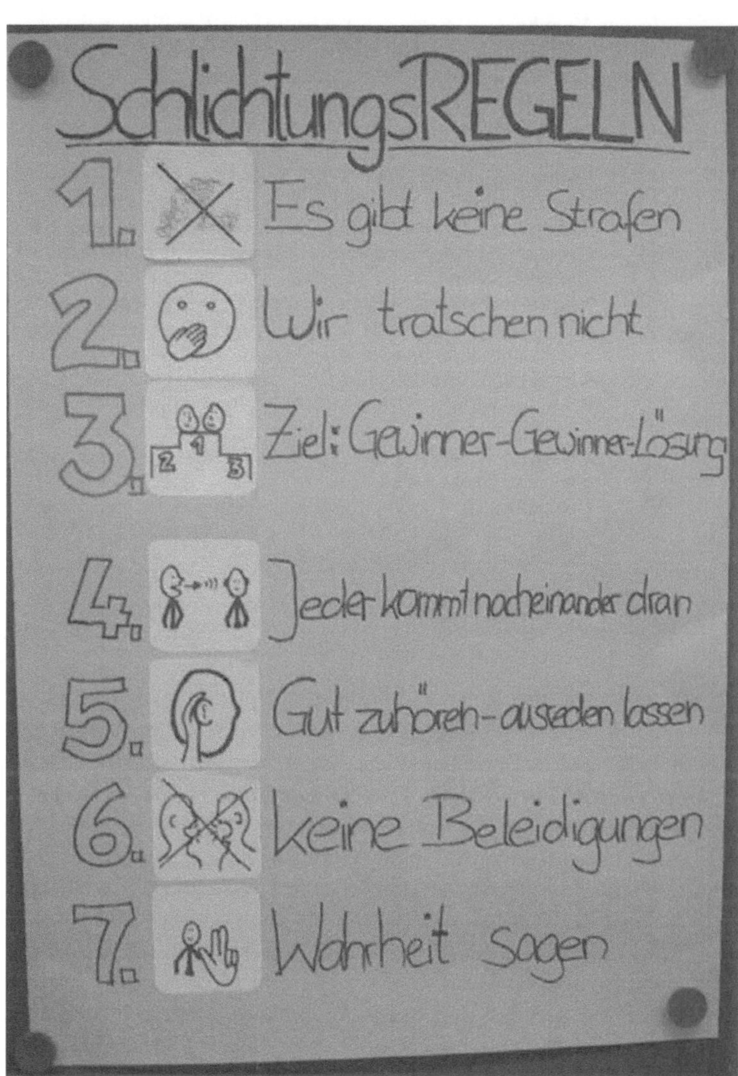
SchlichtungsREGELN
1. Es gibt keine Strafen
2. Wir tratschen nicht
3. Ziel: Gewinner-Gewinner-Lösung
1
2
3
4. Jeder kommt nacheinander dran
5. Gut zuhören - ausreden lassen
6. keine Beleidigungen
7. Wahrheit sagen

„In der **Vorphase** ist es zunächst wichtig, die Konfliktparteien an einen Tisch zu bekommen. Am einfachsten ist dies natürlich, wenn beide Konfliktparteien sich darüber einig sind, dass die Mediation ihnen helfen kann. Ansonsten wird der Mediator versuchen, beide Parteien zum Gespräch zu holen. Das eigentliche Gespräch gliedert sich in:

1. **Einleitung:** Einleitende Worte sollen ein Klima des Vertrauens schaffen. Regeln zur Gesprächsführung werden vereinbart.
2. **Sichtweise der einzelnen Konfliktparteien:** Jede Seite hat Gelegenheit, den Konflikt aus ihrer Perspektive darzustellen. Der Mediator hört aktiv zu.
3. **Konflikterhellung:** Mit dem Konflikt verbundene Gefühle, Interessen und Hintergründe der Konfliktparteien werden herausgearbeitet. Die Kommunikationsrichtung wird zunehmend auf den Kontakt der Parteien gelenkt.
4. **Problemlösung:** Lösungsmöglichkeiten können entwickelt und gesammelt werden, wenn die vorherige Phase ein gegenseitiges Verstehen ermöglicht hat. Aus dem Konflikt wird ein Problem, das gemeinsam gelöst wird.
5. **Übereinkunft:** Die Konfliktparteien einigen sich auf Lösungsvorschläge und Vereinbarungen. Diese werden schriftlich festgehalten und von den Beteiligten unterschrieben.

Abschließend folgt die **Umsetzungsphase**, in der die Mediatoren die Konfliktparteien noch einmal kontaktieren, um zu klären ob die Übereinkunft tatsächlich die Probleme gelöst hat.“[160]

Zunächst zu den Regeln: Bei einem Vergleich der Auflistung von Herzog mit der anderer Konzeptautoren lassen sich Unterschiede feststellen, die aber auf den zweiten Blick weniger gravierend ausfallen. Beispielsweise enthalten Püschels „gemeinsame Regeln“ die Hinweise, dass Anwendung von Gewalt zum Abbruch der Schlichtung führt,[161] dass das Schlichtungsverfahren keine Gerichtsverhandlung ist und dass die Schlichtung nicht vor strafrechtlichen Konsequenzen schützen kann.[162] Sowohl bei Püschel und Herzog als auch anderen Autoren gehen Regeln, Leitlinien des Verfahrens und Beschreibung der Schlichterrolle ineinander über. Die Bestimmung „Es gibt keine Strafen“ korrespondiert dabei mit der des Verfahrens als Nicht-Gerichtsverhandlung und der Funktionsbeschreibung der Schlichter (die eigentlich Mediatoren sein

160 Abbildung aus: Herzog, Beate: Unsere Schule Streitet mit Gewinn. 2007, S. 40 (Schlichtungsregeln). Ablaufschema aus: Kantereit, Tim: Streitschlichtung in der Schule. 2008, S. 18.

161 Vgl. hierzu auch: Bründel, Heidrun; Amhoff, Birgit; Deister, Christiane: Schlichter-Schulung in der Schule. 1999, S. 67.

162 Vgl.: Püschel, Helmut: Angry young man. 2000, S. 30.

sollen) als Nicht-Richter: „Sie verurteilen nicht, sie lösen den Konflikt nicht, sondern helfen den Parteien, selbst eine Lösung zu finden.“[163] Damit wird Schlichtung als Angebot zur Hilfe inszeniert. Sie sei ein „freiwilliges Gespräch nach Regeln“,[164] bei dem die Schlichter die Parteien bei der Lösungssuche unterstützen. Hierbei sollen die Helfer Neutralität wahren,[165] die zuweilen mit der Forderung nach „Un- bzw- Allparteilichkeit“ ergänzt wird.[166] In den Regeln ist diese in den Versprechen wiederzufinden, dass „jeder nacheinander dran kommt“, „keine Beleidigung“ ausgesprochen, jedem „gut zugehört“ und „die Wahrheit gesagt“ werden soll. Demnach haben die Schlichter sich zwar den Parteien gegenüber neutral zu verhalten, nicht aber gegenüber dem Verfahren, für dessen stabilen Ablauf sie Sorge tragen. Ebenso entspricht die Regel „Wir tratschen nicht“ dem Leitsatz der Vertraulichkeit. Sie mahnt Schlichter wie Konfliktparteien gleichermaßen an den Anspruch der Schlichtung auf Diskretion.[167]

Nun zum Ablaufschema: Selbst wenn in den bisher genannten Konzepten Vorgehen mit unterschiedlichen Anzahlen an Schritten/Phasen beschrieben werden, bleibt die Vorhandenheit zentraler Elemente sowie die Reihenfolge ihrer Anwendung unverändert.[168] Besonderes verbreitet sind Darstellungen, die der oben gezeigten von Kantereit nahe kommen,[169] was ihre exemplarische Betrachtung rechtfertigt.

---

163 Jefferys, Karin; Noak, Ute: Streiten-Vermitteln-Lösen. 1998, S. 107.

164 Jefferys, Karin; Noak, Ute: Streiten-Vermitteln-Lösen. 1998, S. 114. Siehe auch: Bründel, Heidrun; Amhoff, Birgit; Deister, Christiane: Schlichter-Schulung in der Schule. 1999, S. 66.

165 Jefferys, Karin; Noak, Ute: Streiten-Vermitteln-Lösen. 1998, S. 114. Siehe ebenso: Bründel, Heidrun; Amhoff, Birgit; Deister, Christiane: Schlichter-Schulung in der Schule. 1999, S. 66.

166 Kantereit, Tim: Streitschlichtung in der Schule. 2008, S. 16. Vergleiche hierzu auch: Bunke, Anke: Die Erprobung eines Streitschlichterangebots an der Bürgermeister-Grimm-Schule. S. 6.
Die Begriffe Neutralität, Un- und Allparteilichkeit werden trotz ihrer häufigen Verwendung selten gegeneinander abgegrenzt. Hingegen eine gelungene Unterscheidung zwischen Unparteilichkeit hinsichtlich der Streitangelegenheit und der Forderung nach Allparteilichkeit hinsichtlich des Verfahrensablaufs leistet Karin Jefferys-Duden in „Das neue Streitschlichterprogramm“ (2005, S. 55–57).

167 Vgl.: Jefferys, Karin; Noak, Ute: Streiten-Vermitteln-Lösen. 1998, S. 108.

168 Siehe beispielsweise: Bründel, Heidrun; Amhoff, Birgit; Deister, Christiane: Schlichter-Schulung in der Schule. 1999, S. 61. Und: Jefferys-Duden, Karin: Das Streitschlichter-Programm. 2008, S. 95.

169 Vgl.: Jefferys-Duden, Karin: Konfliktlösung und Streitschlichtung. 2000, S. 84ff. Jefferys, Karin; Noak, Ute: Streiten-Vermitteln-Lösen. 1998, S. 133. Hagedorn, Ortrud: Konfliktlotsen. 2000, S. 27. Hartig, Christiane: Auswirkungen der Tätigkeit von Schülerstreitschlichtern. 2006, S. 24ff. Ehninger, Frank; Perlich, Marion; Schuster,

In der **Vorphase** gehe es darum, „die Konfliktparteien an einen Tisch zu bekommen". Zur freiwilligen Inanspruchnahme des Angebots „Streitschlichtung" kommt es nach Kantereit, sofern die Parteien der Auffassung sind, dass das Verfahren ihnen helfen kann. Das setzt in ihnen über Zutrauen in seine Effektivität einen Leidensdruck voraus, der die Schüler zur Konsultation der Streitschlichter bewegt. Unter diesen Voraussetzungen wird das Aufsuchen der Schlichtung mit der Teilnahme an außerschulischen Mediationsverfahren und sogar dem Arztbesuch vergleichbar:

> „Ihr Arbeitsbündnis [das von Arzt und Patient; R.K.] hat die Aufgabe, die Selbstheilungskräfte des Patienten dadurch zu wecken, dass dessen gesunde Anteile seine kranken als kranke anerkennen und sich an eine Verpflichtung zur Heilung binden. Deshalb kann ein wirksames Arbeitsbündnis nur auf der Voraussetzung des Leidensdrucks des Patienten gegründet sein, was konkret heißt, dass er sich selbstständig, aus eigenem Entschluss zu einem Arzt seiner Wahl begeben muss, und komplementär dazu der Arzt nicht wie ein Blumenverkäufer abends durch die Restaurants ziehen, an den Tischen seine Geschäftskarte hinterlegen und den Gästen gar sagen darf: »Ich sehe, Sie haben diese oder jene Krankheitsanzeichen, kommen Sie doch mal in meine Praxis«. Der Leidensdruck ist deshalb so eine wichtige Vorbedingung, weil darin sich das Folgende ausdrückt: Mit den gesunden, d.h. seine Autonomie repräsentierenden Anteilen erkennt der Kranke an, dass er krank und wiederherstellungsbedürftig, also in seiner Autonomie eingeschränkt ist. In dieser Anerkennung erst bindet er sich an die seine Autonomie ausmachende Verpflichtung, alles zu seiner Wiederherstellung ihm Mögliche beizutragen."[170]

Entsprechend hieße das, dass Parteien, die um ihre problematische Beziehung wissen, diese als problematisch anerkennen und zugleich, dass sie der Misere nicht selbst Herr werden. Autonom beschließen sie daher, sich zu einem ausgebildeten Helfer zu begeben, um ihre volle Freiheit, durch Lösung des hinderlichen Konflikts, wiederzugewinnen. In diesem Fall entspräche die Streitschlichtung ihrem oben genannten Anspruch, freiwilliges Gespräch nach Regeln zu sein. Indes lässt sich der Arztbesuch schon deswegen nicht problemlos auf den bei der Schülerstreitschlichtung übertragen, weil der zu behebende Konflikt nicht wie eine Krankheit primär eine Person betrifft, sondern zwischen mehreren be-

---

Klaus-Dieter: Streitschlichtung und Umgang mit Gewalt an Schulen. 2007, S. 47. Frank, Maria; Klären, Peter, Klein, Jutta: Peermediation im Pallotti-Haus. 2009, S. 67. Blome, Susanne; Fürstenow, Marko; Janoschka, Thomas u. a.: Peer-Mediation. 2009, S. 67–71 u. 75.

170 Oevermann, Ulrich: Brauchen wir heute noch eine gesetzliche Schulpflicht und welches wären die Vorzüge ihrer Abschaffung? 2003, S. 58f.

steht. „**Streit:** Alf klaut Bens Jacke. Ben will sie an sich reißen. Alf lässt nicht los. Die Kapuze reißt ab.“[171] Kennzeichnend für derartige Anlässe dürfte die Einseitigkeit des Leidensdrucks sein, bei der eine Partei zur Schlichtung möchte, während die andere den Vorfall lieber unter den Tisch fallen lassen würde. Von einer Freiwilligkeit der Teilnahme zu sprechen ist infolgedessen schon problematisch, weil sie bei den Streitenden unterschiedlich motiviert sein dürfte:

> „Denn wer sich weigert, zur Schlichtung zu erscheinen, tut das nicht unter dem Schutz der Diskretion und der offenen Wahl, sondern öffentlich als Ablehnung. Jeder kann mitbekommen, dass der zur Streitschlichtung geladene Täter sich dem Verfahren verweigert. Damit aber zeigt er sich als jemand, der die mit der Schlichtung symbolisierte positive Moral der Gesellschaft ablehnt, er wird damit zum bösen Buben. Er lehnt das Spiel als Ganzes ab, obwohl es ihm helfen soll, gut zu werden.“[172]

Selbst wenn also weder Lehrkräfte noch Streitschlichter die Schüler zur Schlichtung drängen, führt Gruschka vor, dass bereits aus der Beschaffenheit der Anlässe und der Möglichkeit, diese im Rahmen des Verfahrens zu bearbeiten, Zwänge erwachsen.

Können sich die Streitenden trotzdem nicht auf einen Besuch bei der Schlichtung einigen, „wird der Mediator versuchen, beide Parteien zum Gespräch zu holen.“ Anders als der unkonventionelle Arzt, der gleich dem Blumenverkäufer in Restaurants umherzieht und um Kundschaft wirbt, indem er sie auf eventuell bestehende Krankheitsanzeichen hinweist, soll der Schlichter die Streitenden „holen“, was eher in der Nähe zum physischen Herschaffen als der Überredung steht. Während Kantereit in der vagen Darstellung seiner Vorphase Freiwilligkeit ebenso wenig nennt, wie er sie ausschließt, wollen Jefferys und Noak sie nicht preiszugeben. In ihrem Programm „Streiten-Vermitteln-Lösen“ beschreiben sie auf S. 107 folgenden Anlass als „typischen Schlichtungs-Fall“:

> „Zwei Schüler geraten in der Pause an der Tischtennisplatte aneinander. Sie prügeln sich. Ein Tischtennisschläger liegt zerbrochen am Boden. Ein Schüler verzieht sein Gesicht, anscheinend vor Schmerzen. Die aufsichtsführende Lehrkraft kann auf die Schnelle nicht feststellen, wie es dazu gekommen ist. Sie schlägt die Schlichtung vor und notiert die Namen der Schüler auf dem Schlichtungsformular, nachdem beide zögernd eingewilligt haben. Sie fragt ein/e Schüler/in der 10. Klasse, ob er/sie die Schlich-

171 Jefferys-Duden, Karin: Das Streitschlichter-Programm. 2008, S. 87.

172 Gruschka, Andreas: Wenn zwei sich streiten, freut sich der Dritte. 2006, S. 58.

> tung sofort übernehmen kann; er/sie wird für die nächste Stunde entschuldigt und erhält das Schlichtungsformular [...].“[173]

Dass die Schüler zwischen Vorschlag und Namenserfassung nicht zu Wort kommen, lässt genauso an der Freiwilligkeit zweifeln wie der Umstand, dass die Aufsicht führende Person Schlichtungsformulare bei sich trägt – sie erinnert damit an einen Streifenpolizisten. Passend hierzu wird wenige Seiten später auf einer Kopiervorlage die Schlichtung als „freiwilliges Gespräch nach Regeln“ bestimmt,[174] jedoch nochmals einige Seiten weiter den Schlichtern nahe gelegt, dass sie die Parteien bei „Kompromisslosigkeit“ auf Konsequenzen – beispielsweise eine „Beschwerde durch Eltern“ – hinweisen.[175] Als einzige Konzeptautorin betont Herzog, wie schon Johnson und Johnson, dass sogenannte Alltagskonflikte, die allesamt störende Regelbrüche enthalten, bearbeitet werden müssen und die Ablehnung von Schülerstreitschlichtung unweigerlich zur Bearbeitung durch Lehrer, Schulleitung oder gar Polizei führt.[176] Zuletzt sei auf zwei Ergebnisse der großangelegten Evaluation von Mediation in deutschen Schulen hingewiesen: Immerhin „80 % aller befragten Schulen geben an, dass Schüler/innen durch Aufforderung von Lehrer/innen zur Mediation kommen.“[177] Dennoch gibt es in der Mehrzahl der Schulen keine für die Schüler transparenten und für die Lehrkräfte verbindlichen Regeln zur Weiterleitung von Fällen an die Streitschlichtung.[178]

Finden sich die Streitenden nun endlich nach der Vorphase in der Schlichtung, werden nach Kantereit in der ersten Phase **„Einleitung“** neben der Schaffung eines „Klimas des Vertauens“ die Regeln „vereinbart“. Dass diese jedoch nicht zur Diskussion stehen und wie in der außerschulischen Mediation in einem Vertrag festgehalten werden, wurde bereits bei der Betrachtung des amerikanischen Konzepts angesprochen. Die Herstellung des vertrauensvollen Klimas soll durch Begrüßungs- und Vorstellungsfloskeln erreicht werden, wie „Hallo, ich bin, und wer seid ihr?“ oder etwas förmlicher: „Willkommen im Schlichtungsraum,

---

173 Jefferys, Karin; Noak, Ute: Streiten-Vermitteln-Lösen. 1998, S. 107.

174 Ebd. S. 114.

175 Vgl.: Ebd. S. 148.

176 Vgl.: Herzog, Beate: Unsere Schule Streitet mit Gewinn. 2007, S. 37ff.

177 Behn, Sabine; Kügler, Nicolle; Lembeck, Hans-Josef u. a.: Mediation an Schulen. 2006, S. 148. Vergleichbare Ergebnisse erbrachte die Untersuchung von Annette Schmitt: Konfliktmediation in der Schule. 2005, S. 50f.

178 Vgl.: Behn, Sabine; Kügler, Nicolle; Lembeck, Hans-Josef u. a.: Mediation an Schulen. 2006, S. 154.

mein Name ist..., wie sind eure Namen?“ Auf die Frage „Ich denke, ihr seid freiwillig hier und wollt euch wieder vertragen, ist das so?“ folgt als nächster Programmpunkt statt Vereinbarung die Verkündung der Regeln. Eine der vorgeschlagenen Formulierungen lautet: „„Ich möchte euch auf die Regeln hinweisen. Sie stehen hier noch einmal angeschrieben“ (Hinweis auf das Plakat).“[179]

In der zweiten Phase **„Sichtweise der einzelnen Konfliktparteien“** bekommt jede Seite „Gelegenheit, den Konflikt aus ihrer Perspektive darzustellen.“ Hierbei weist Gruschka auf die Bedeutung des Ausdrucks „aus ihrer Perspektive darstellen“ hin. Diesem gemäß sollen die Streitenden „[...] nicht alles erzählen, sondern nur aus dem eigenen Erleben und Empfinden. [...] Käme es darauf an, aus zwei divergenten Erzählungen die Wahrheit herauszufinden, wäre es sinnvoller, die Erzähler zur Wahrhaftigkeit und damit zur Zurückstellung ihrer Sicht zu bewegen, die im Streit immer die Form der Selbstrechtfertigung und Schuldzuweisung an den Gegner annehmen dürfte.“[180] Tatsächlich wird im Konzept von Herzog beides gefordert, nämlich dass die „Streiter“ nacheinander den Konflikt aus ihrer Sicht erzählen[181] und zugleich die Regel „Wahrheit sagen“ einhalten. Der Widerspruch zwischen Wahrheitsfindung[182] und Sichtweisendarstellung wird für den Schlichter deswegen virulent, weil die Parteien in dieser Phase nicht direkt miteinander, sondern über ihn vermittelt kommunizieren. Infolgedessen kommt er nicht umhin, das Gespräch mit seinen Fragen und Paraphrasierungen in eine Richtung zu lenken. Dass das intuitive Rechtsbewusstsein der Schüler in Anbetracht der Anlässe, die zu einem Besuch bei der Streitschlichtung führen, sich immens dagegen sträuben kann, die Situation bloß zu explorieren, wird in den Untersuchungen von Haack-Wegner und Schrör deutlich. Die beiden Bremer Psychologinnen haben eine Ausbildungsphase von Streitschlichtern mit Supervisionssitzungen begleitet und tiefenhermeneutisch analysiert.

---

179 Bründel, Heidrun; Amhoff, Birgit; Deister, Christiane: Schlichter-Schulung in der Schule. 1999, S. 123.

180 Gruschka, Andreas: Wenn zwei sich streiten, freut sich der Dritte. 2006, S. 58.

181 Vgl.: Herzog, Beate: Unsere Schule Streitet mit Gewinn. 2007, S. 48.

182 Auch wenn die Regel „Wahrheit sagen“ meines Wissens nur in dem Konzept von Johnson und Johnson und in dem von Herzog explizit genannt wird, zählt sie ebenso wie andere der Schlichtungsregeln zu den Voraussetzungen von Alltagskommunikation. Siehe hierzu: Bennett, Jonathan: A Philosophical Guide to Conditionals. 2003, S. 22f.

„Die Fragen der MediatorInnen in den Übungsfällen gingen häufig in eine Richtung, bei der die MediatorInnen herausfinden wollten, „wie es denn nun wirklich war". [...] Hat sie wirklich dieses oder jenes gesagt? Und so weiter. Dies ist das übliche Vorgehen im Alltag, bei der Klärung von Konfliktsituationen (so eben auch in der Schule): Wer hat denn nun angefangen mit dem Streit? Wer ist denn nun „Opfer" und wer ist der „Täter"?"[183]

In den Sitzungen reagierten die Ausbilderinnen auf diese Haltung der Schüler, indem sie ihnen die Bedeutung der „subjektiven Wahrheit" nahe bringen wollten. Diese sei „häufig" lösungsorientiert,

„[...] d.h. das Schildern der Situation dient zwei verschiedenen Zwecken: Erstens dient es der Selbstklärung, um auf das eigene Interesse zu kommen. Zweitens weckt das Schildern der Situation – idealerweise – das Verständnis der anderen Partei."[184]

Dass die Nennung der „Gefühle, Interessen und Hintergründe" jedoch erst Thema der nächsten Phase ist, erwähnen sie nicht. Mit der Schilderung der „subjektiven Wahrheit" bliebe deshalb die sachliche Darstellung der Konfliktsituation als Grundlage der Schlichtung zugunsten einer Sichtweisenschilderung aus, die statt einer bewussten, sprachlichen Rekonstruktion das emotionale Wiederaufflammen des Konflikts begünstigen dürfte.

Dementsprechend wird in der dritten Phase zur **Konflikterhellung** auch weniger der Verlauf der Konfliktsituation diskutiert, sondern diese vielmehr anhand der Gefühle der Streitenden bearbeitet. Fragen, die von Bründel, Amhoff und Deister hierzu vorgeschlagen werden, sind u. a. „Kannst du einmal erzählen, was du dabei gefühlt hast?" und „Wenn du jetzt hörst, was der andere gerade gesagt hat, was denkst du dann?".[185] Diese zielen – ebenso wie die Wiedergabe der Standpunkte nach dem Tauschen der Sitzplätze –[186] auf Perspektivübernahme unter Betonung des Nachvollzugs von Emotionen, damit auf Empathie. Lediglich eine Wendung spricht den Handlungsverlauf wieder an: „Wie war das genau, du hast also..." Eine weitere der vorformulierten Fragen kann sogar nur sinnvoll an einen durch den Rollentausch geläuterten Schuldigen gestellt werden: „Wenn du es vom jetzigen Standpunkt aus betrachtest, würdest du es noch einmal tun?" Nicht nur, weil die Schlichter beim Streit nicht

183 Haack-Wegner, Renate; Schrör, Cordula: Einführung der Streitschlichtung in einer Schule. Praxisforschung im pädagogischen Feld. 2005, S. S. 41.

184 Ebd.

185 Die Fragen finden sich in: Bründel, Heidrun; Amhoff, Birgit; Deister, Christiane: Schlichter-Schulung in der Schule. 1999, S. 124.

186 Beispielsweise in: Jefferys-Duden, Karin: Das neue Streitschlichterprogramm. 2009, S. 51.

dabei gewesen sind und deswegen nicht aufgrund eigener Beobachtungen Recht sprechen können, sondern weil die rein sachlich-intellektuelle Begründung der Falschheit einer Regelverletzung nicht geleistet werden kann, befindet sich an diese Stelle die Perspektivübernahme. Verläuft sie erfolgreich, verinnerlichen die Schüler die sogenannte goldene Regel „Was du nicht willst, das man dir tu, das füg' auch keinem andern zu.",[187] zu der auch die auf Bekenntnis zielende letzte Frage passt. In dem Maß, in dem derartige Einstimmung gelingt, kann der Mediator gefahrlos die „Kommunikationsrichtung zunehmend auf den Kontakt der Parteien" lenken.

Sofern die bisherige Anwendung „ein gegenseitiges Verstehen ermöglicht hat", können nun in der vierten Phase „**Problemlösung**" Kompromisse nach dem Leitsatz „Aus dem Konflikt wird ein Problem, das gemeinsam gelöst wird." entwickelt werden.

Von den Ideen wird schließlich eine in der letzten Phase „**Übereinkunft**" ausgewählt und schriftlich in einem Formular[188] festgehalten.

---

187 Siehe hierzu: Pieper, Annemarie: Einführung in die Ethik. 2003, S. 40f.

188 Das Blankoformular „Der Schlichtungsvertrag" findet sich auf S. 125 und das „Beispiel für einen Schlichtungsvertrag" auf S. 136 in: Bründel, Heidrun; Amhoff, Birgit; Deister, Christiane: Schlichter-Schulung in der Schule. 1999.

Der Schlichtungsvertrag

Schlichter/Schlichterin: ______________________ Klasse: ____

Streitpartei A: ______________________ Klasse: ____

Streitpartei B: ______________________ Klasse: ____

Beschreibung des Konflikts: ______________________

____

____

____

Schlichtungsgespräch am: ______________________

Vereinbarung/Lösung: ______________________

____

____

Unterschrift A: ______________________

Unterschrift B: ______________________

Unterschrift Schlichter/Schlichterin: ______________________

Abb. 59

125

Beispiel für einen Schlichtungsvertrag

Schlichter/Schlichterin: Lisa Klasse: 10a

Streitpartei A: Hans Klasse 8c

Streitpartei B: Peter Klasse: 8c

Beschreibung des Konflikts: Nach einem verlorenen Fußballspiel ist Peter sehr wütend auf Hans. Er glaubt, Hans hätte mit Absicht danebengeschossen. Peter ist daher auf ihn losgestürzt, hat ihm ins Gesicht geschlagen und dabei sein T-Shirt zerrissen.

Schlichtungsgespräch am: 12. 3. 98

Vereinbarung/Lösung: Hans und Peter vereinbaren, dass sie in Zukunft dem anderen sagen, wenn es ihnen schlecht geht und dass sie nicht gleich losschlagen. Als Wiedergutmachung für das zerrissene T-Shirt leiht Peter Hans einen seiner neuen Video-Filme aus.

Unterschrift: Hans: xxxx

Unterschrift: Peter yyyy

Unterschrift: Lisa zzzz

Mit ihrer Unterschrift bestätigen die Streitenden, dass sie der Vereinbarung zustimmen; sie in Zukunft beherzigen wollen. Insbesondere im Angesicht der im letzten Kapitel beschriebenen Anlässe, die zu einer Streitschlichtung führen können, wird Gruschkas Skepsis bezüglich der Vertragsabfassung verständlich: „Alltägliches Sozialverhalten wird nicht formell vertraglich vereinbart. Wäre das für dieses eine konstitutive Voraussetzung, es stünde äußerst schlecht um die Gesellschaft, wie auch um die Schule.“ Überdies weist er darauf hin, dass die Knebelung per Vertragsabfassung nicht ganz „zu dem mit Empathie geschwängerten Verfahren“ passt.[189] Ebenfalls zu Knebelung passt hingegen, dass die Schlichter die ehemaligen Streitenden letztlich noch in einer **Umsetzungsphase** kontaktieren sollen, um nachfragend zu kontrollieren, ob die Vereinbarung bislang eingehalten wurde.

Zu den Techniken, die Schlichter und Streitende während des Verfahrens nutzen sollen, zählen auch in den deutschsprachigen Konzepten insbesondere aktives Zuhören, das Benennen von Gefühlen, Paraphrasieren, Perspektivwechsel und Brainstorming. Ins Auge fällt hingegen, dass das Ausrichten auf die Zukunft weniger ausführlich thematisiert wird als in den genannten amerikanischen Texten. Nicht nur Fisher, sondern auch Johnson und Johnson begründen dieses noch mit dem ökonomisch Rationalen von Verhandlung, das darin liegt, dass ein rücksichtslos errungener Sieg zwar temporär großen Gewinn abwerfen kann, aber tendenziell die künftige Kooperation mit der anderen Partei sabotiert und sich deshalb längerfristig weniger auszuzahlen droht:

> „**Highlighting Cooperative Context (Enlarging Shadow Of The Future)**
> For disputants to engage in problem-solving negotiations they must believe that the future of the relationship is more important than is any short-term advantage for winning. The mediator reminds disputants that in the long run, they are going to sink or swim together.”[190]

In „Theaching Students To Be Peacemakers“ wird Mediation noch ausdrücklich als unterstütze Verhandlung aufgefasst, die deswegen unterstützt ist, weil sie auf die Wiederherstellung der Fähigkeit zur „Problem Solving Negotiation“ zwischen den Streitenden zielt. In Anlehnung an die Schriften Morton Deutschs wird bewusst gemacht, dass es um die Vermittlung im Dilemma zwischen der Eigennutzenmaximierung und

189 Gruschka, Andreas: Wenn zwei sich streiten, freut sich der Dritte. 2006, S. 62f.
190 Johnson, David W.; Johnson, Roger T.: Teaching Students To Be Peacemakers. 1995, S. 7:9.

der Erhaltung der Sozialbeziehungen – sowohl im Hinblick auf die zur gegnerischen Partei als auch auf das weitere Umfeld hin – geht:

> „**Negotiation are mixed-motive situation** in wich there are both cooperation and competitive elements. There is desire to reach an agreement and a desire to make that agreement as favorable to oneself as possible. Thus, disputants face a **goal dilemma** between (a) maximizing their own outcomes and (b) reaching an agreement. The two goals can seriously interfere with each other. [...]
> **Negotiatiors strive for both primary and secondary gains.** The **primary gain** is determined bey the nature of the agreement. The **secondary gain** is determined by (a) the effectiveness of the working relationship with the other disputant and (b) the impact of the negotiations on interested third parties."[191]

Ähnliche Passagen sind mir in den deutschsprachigen Programmen nicht bekannt, auch wenn ihre Überreste mit dem Bestreben, „win-win-Lösungen" zu erreichen, in allen Konzepten auftauchen; beispielsweise in derartigen Formulierungen:

> „In der Mediation geht es darum, dass beide Konfliktparteien eine **Lösung für ihren Streit** finden, bei der sie *beide* gewinnen. Es soll keinen alleinigen Gewinner bzw. Verlierer geben, sondern es wird eine **„winwin"-Lösung** angestrebt. [...] Das Ziel einer Mediation ist es nicht, dass sich beide Streithähne anschließend lieben bzw. mögen, sondern sie können sehr wohl zu dem Ergebnis kommen, dass es auch weiterhin unvereinbare Gegensätze zwischen ihnen gibt, und sie können beschließen, sich zukünftig aus dem Weg zu gehen. Durch das direkte Gespräch zwischen ihnen im Beisein eines neutralen und unparteiischen Helfers (Mediator) findet schon ein Transformationsprozess statt, der auf einem Umdenken basiert und im günstigsten Fall auch in einem Erkennen der eigenen Anteile am Streit liegt [...]."[192]

Dies scheint auf einen Unterschied zwischen der Zielsetzung des amerikanischen Programms und den hier angesprochenen deutschen hinzuweisen. Während in jenem über Konfliktbeschreibung und -lösung sowie eventuelle Schadenswiedergutmachung eine intakte Sozialbeziehung hergestellt oder erhalten werden soll, sind Bründel, Amhoff und Deister der Auffassung, dass der „günstigste Fall auch in einem Erkennen der eigenen Anteile von Streit" liegt, ferner, dass das Verfahren

---

191 Ebd. S. 5:3.

192 Bründel, Heidrun; Amhoff, Birgit; Deister, Christiane: Schlichter-Schulung in der Schule. 1999, S. 10f. Vergleiche hierzu auch: Herzog, Beate: Unsere Schule Streitet mit Gewinn. 2007, S. 22f. Einen Anklag von dem, was Deutsch, Fisher sowie die Johnsons klarstellen, findet sich zuweilen noch in der Forschungsliteratur. Vgl.: Kantereit, Tim: Streitschlichtung in der Schule. 2008, S. 17.

nicht auf Erzeugung von Freundschaft zielt. Dass die Differenz indes nicht allzugroß ist, lässt sich schon daran erkennen, dass bei Johnson und Johnson nicht von Freundschaft, sondern eben von einer instrumentell orientierten, intakten Sozialbeziehung die Rede ist. Diese will primär Kooperation als Mittel zum Zeck des ökonomischen Nutzens sichern – was in ihrem Text nicht zuletzt durch Sprichwörter und Zitate untermalt wird, wie „We're all like hidden gold mines.“[193] und „The best way I know how to defeat an enemy is to make him a friend.“[194]. Anders verweist das „Erkennen der eigenen Anteile von Streit“ als „günstigsten Fall“ darauf, dass die Parteien sich im Verfahren als Schuldige an dem Streit, insbesondere an unerwünschten Austragungsformen, erfahren. Mit der eigenen Schuld ist die Mahnung verbunden, dass es nicht wieder zu dieser komme, d.h. Streit nicht erneut auf eine bestimmte Weise erscheinen soll. Selbst wenn der Konflikt nicht gelöst wird, müsse seine Eskalation verhindert werden, indem die Streitenden sich beispielsweise aus dem Weg gehen. Dies ist zunächst weniger als eine intakte Sozialbeziehung, dient aber ebenso der Aufrechterhaltung des Betriebs. Die Unterschiede schmelzen nochmals ab, sobald die Verschiedenheit der Beispiele ins Auge gefasst wird:

Im Text von Johnson und Johnsons werden vorwiegend Sachstreitigkeiten oder bloße Kommunikationsprobleme aufgeführt. Bei diesen geht es etwa darum, dass sich Schüler um die Nutzung eines Computers,[195] die eines Basketballfeldes,[196] um ein Buch[197] oder einen Baseball streiten:

> „One example ist that of Meg and Jim who both wanted the baseball. Meg wanted the ball to practice catching. Jim wanted the ball to practice throwing. Their positions (“*I want the baseball*”) were opposed, but their interests were not.”[198]

Die Situation erinnert nicht zufällig an die, die Fisher, Ury und Patton bezüglich der beiden Schwestern beschreiben, die sich um eine Orange streiten. Diese entscheiden sich schließlich, die Orange zu halbieren, wobei eine der Schwestern zum Backen bloß die Schale benutzt und das Innenleben ihrer Hälfte wegwirft und die andere das Fruchtfleisch isst,

---

193 Johnson, David W.; Johnson, Roger T.: Teaching Students To Be Peacemakers. 1995, S. 7:23.

194 Ebd. S. 2:14. (Den Ausspruch schreiben sie Abraham Lincoln zu.)

195 Vgl.: S. 8:18.

196 Vgl.: S. 7:22.

197 Ebd. S. 7:13.

198 Vgl.: S. 7:15.

aber die Schale nicht braucht. Hätten sie ihre Interessen offen gelegt, statt ihre Positionen („I want the orange.") gegeneinander gestellt, hätten – so die Idee – beide mehr von der Orange gehabt.[199] Das Beispiel dient damit nicht nur zur Veranschaulichung des Leitsatzes „Focus On Interests, Not Positions.", sondern zeigt darüber hinaus, wie eine „option for mutual gain", beziehungsweise „win-win-Lösung", aussehen könnte. Vergleichbare Gegensätzlichkeiten werden von Johnson und Johnson als Auslöser von Gewalttaten genannt. Weil zwei sich um einen Gegenstand zanken und beiden keine gemeinsame Lösung einfällt, werden sie verbal oder physisch übergriffig. In der Mediation kommt ein Dritter hinzu, kühlt die Gemüter, hilft bei der Vermittlung im Sachstreit, der zum Anlass für eine Kampfhandlungen wurde, und evtl. bei der Findung passender Wiedergutmachungsleistungen.[200]

Bei einem Vergleich mit den im letzten Kapitel aufgeführten Beispielen fällt auf, dass in den erwähnten deutschen Programmen zur Einführung der Streitschlichtung gerade nicht der Inhalt des Streits, sondern der Regelbruch, d.h. die unerwünschte Austragungsform, im Vordergrund steht. Exemplarisch sei an die erste Geschichte Püschels erinnert, in der Denis Tobias aus Unzufriedenheit und Eifersucht niederschlägt. Doch auch aus dieser Situation sollen die an die Streitschlichtung Verwiesenen beide als Gewinner hervorgehen.[201] Orientiert am Win-Win-Prinzip ersinnt Püschel zu seinem „**Beispiel 1: Schlägerei**" folgende Lösungen:

> **„Mögliche Lösungen:**
>
> – Tobias und Denis sollten sich eine Zeit lang aus dem Wege gehen.
>
> – Tobias sollte jedes Überlegenheitsgefühl gegen Denis unterlassen. Er sollte es vor allen Dingen vermeiden, gesagte oder auch nicht gesagte Informationen von Monis Seite über Denis weiterzugeben.

---

199 Vgl.: Fisher, Roger; Ury, William; Patton, Bruce: Getting to yes. 1999, S. 59. Rückgriffe auf die Orangenstory finden sich beispielsweise in: Blome, Susanne; Fürstenow, Marko; Janoschka, Thomas u. a.: Peer-Mediation. 2009, S. 74 u. 96. Und: Frank, Maria; Klären, Peter, Klein, Jutta: Peermediation im Pallotti-Haus. 2009, S. 61.

200 Vgl.: Johnson, David W.; Johnson, Roger T.: Teaching Students To Be Peacemakers. 1995, S. 7:21.

201 „Die möglichen Lösungen stehen unter der Prämisse, dass keiner der Beteiligten sein Gesicht verliert und beide Seiten nach dem win – win Prinzip in dem erzielten Kompromiss für sich einen Gewinn sehen." Püschel, Helmut: Angry young man. 2000, S. 35.

– Tobias soll bewusst werden, dass seine zur Schau gestellte Freude und Überheblichkeit immer auch eine Kränkung für Denis ist.

– Gleichzeitig muss Denis die Normalität von Trennung einsehen und, dass ihm die Anwendung von Gewalt überhaupt nicht weiterhilft. Er soll sich vergegenwärtigen, dass er positive Erlebnisse mit Moni gehabt hat. Diese sind eh nicht wiederholbar und folglich kann Tobias ihm diese auch nicht mehr wegnehmen.

– Im Idealfall sollte es ein weiteres Gespräch zusammen mit Moni geben, die dies am besten verdeutlichen könnte und versichern soll, dass sie keine abfälligen Bemerkungen über Denis mehr machen wird."[202]

Nahe an den Vorstellungen von Bründel, Amhoff und Deister beinhaltet die Lösung Püschels vor allem, dass beide Parteien ihren Anteil an der Eskalation erkennen. Auch wird eine angemessene Reaktionsweise auf den Vorfall darin gesehen, dass die Streitenden „sich eine Zeit lang aus dem Wege gehen", sich also nach dem Verfahren nicht „lieben, bzw. mögen". Weil das Meiden aber in einer Schule bei gleichzeitigem Interesse an demselben Mädchen reichlich schwer fallen dürfte, wird zusätzlich Bezug auf allgemein bekannte Gebote genommen: Tobias soll sich in Bescheidenheit üben und Diskretion wahren, um damit Denis' Ehrgefühl nicht noch mehr zu verletzen, als dies bereits durch die Abkehr Monis geschehen ist. Denis soll sich hingegen mit der Erinnerung an „positive Erlebnisse" trösten, sich als guter Verlierer zeigen, der auf die Anwendung physischer Gewalt verzichtet und sich damit zur Bedürfnisbefriedigung gängiger Regeln des Wettbewerbs bedienen muss. Denn auch im Bereich der Partnerschaft gilt idealer Weise die Freiheit der Wahl, auf die hier mit der „Normalität von Trennung" angesprochen wird. Was auf den ersten Blick wie eine moralische Zurechtweisung des Prüglers aussieht, offenbart seinen fragwürdigen Charakter nur zwischen den Zeilen: Weil Denis Tobias überhebliches Verhalten ankreiden kann und er sich dem Drängen von „LehrerInnen, KlassenkameradInnen und FreundInnen" zur Schlichtung gefügt hat, darf sein tätlicher Übergriff, bei dem er den am Boden liegenden Tobias hätte schwer verletzen können, unbestraft bleiben.

Ähnlich verläuft es im zweiten Beispiel, „Sachbeschädigung, Beleidigung", in dem Norbert den Klassenstreber Gottlieb beleidigt und seine Unterrichtsmitschriften zerstört hat. Auch hier wird von Püschel vorgeschlagen, dass Norbert – dessen Mutter „putzen geht", der Vater arbeits-

202 Ebd. S. 36f.

los ist – „in Zukunft weitere Übergriffe auf Gottliebs Person und Sachen“ unterlässt, wenn sich das „Doktorensöhnchen“ im Gegenzug deutlich bemüht, „seine Überheblichkeit abzulegen.“[203] Zusätzlich muss Norbert das Heft, das er zerrissen hat, ersetzen, wodurch er aber einer Bestrafung durch die Institution, letztlich einem Verweis von der Schule, entgeht.

Zynisch gesprochen dürfte die „win-win-Lösung“ in beiden Geschichten im Absehen von der offensichtlichen Schuldigkeit der Täter bestehen, was nicht zuletzt deswegen akzeptiert wird, weil Püschel Tobias sowie Gottlieb wenigstens einen Hauch von Mitschuld hat zukommen lassen und das intuitive Rechtsbewusstsein auch Mitleid mit den in der Konkurrenz Unterlegenen hervorbringt – freilich ohne diese selbst ernsthaft in Frage zu stellen. Die Auflistung ähnlicher Beispiele ließe sich fortsetzen, würde aber nicht mehr zur Gewinnung weiterer Erkenntnisse beitragen. Aus diesem Grund kann zu einer Beurteilung des Verfahrens übergegangen werden.

Würden Ben, der die Neustädter Gesamtschule besucht, und Alex, Schüler des Gymnasiums in derselben Stadt, nach einem Streit, der sich im Anschluss an einen abendlichen Kinobesuch ereignet hat, die Schülerstreitschlichtung aufsuchen?

Die Frage lässt sich aus mehreren Gründen nicht beantworten und weist doch auf etwas hin: nämlich darauf, dass bei der Streitschlichtung trotz der einheitlichen Ablaufschemata, ähnlicher Schlichtungsregeln und Schulungsmaterialien vieles unklar bleibt und die Widersprüche in ihnen in einen nahezu undurchdringlichen Nebel integriert werden. Dieser lässt sich jedoch nach einiger Mühe anhand von drei komplementären Irritationen lichten, die Gruschka bereits in Bezug auf das Ablaufschema der Streitschlichtung herausgearbeitet hat: *Erstens*, die undurchsichtige Beschreibung des Zugangs zwischen Freiwilligkeit und Zwang. *Zweitens*, der Widerspruch zwischen Sichtweisendarstellung und Wahrheitsfindung. *Drittens*, die Unverträglichkeit von Empathiesteigerung und vertraglicher Knebelung. Mittels dieser drei Punkte lassen sich Negotiation, Mediation, Schlichtung und Gerichtsverfahren trotz ihrer Unterschiede in ein Kontinuum eintragen. Während Negotiation eher den je ersten Gegensatzteilen entspricht, stehen Schlichtung und Gerichtsverfahren den jeweils zweiten näher: Die idealtypische **Verhandlung** findet in geschäftlichen Angelegenheiten statt, zwischen Anbietern einer Ware oder Dienstleistung und deren Abnehmern. Die Verhandelnden

203 Ebd. S. 38.

treffen sich freiwillig, weil sie Interessen haben, die sie nur gegenseitig befriedigen können. Sie feilschen mit Sichtweisendarstellungen und Einfühlungsvermögen um den für sie besten Geschäftsabschluss. **Moderne Mediationsverfahren** sind hier schon weitaus förmlicher. Vor ihrem Beginn wird ein Vertrag abgeschlossen, der neben Umgangsformen die Bezahlung des Mediators regelt und den zeitlichen Umfang absteckt. Selbst wenn die Verhandlung auf diese Weise, eben weil sie unterstützt abläuft, schon eher in der Nähe von Konflikten steht, ist sie an Selbstbestimmung der Beteiligten orientiert und die Teilnahme an ihr freiwillig. Grundlegend anders verhält sich dies bei der **Schlichtung** durch einen Schiedsmann.[204] Denn hier stellt eine durch Beleidigung, Körperverletzung, Sachbeschädigung oder Hausfriedensbruch etc. geschädigte Person einen Antrag auf Durchführung einer Schlichtungsverhandlung beim zuständigen Schiedsamt, woraufhin die Gegenpartei reagieren muss. Verweigert diese sich dem Verfahren, hat das zur Folge, dass die Angelegenheit vor Gericht entschieden wird. Daher ist nicht nur die Freiwilligkeit zur Teilnahme eingeschränkt, sondern auch die Selbstbestimmung der Parteien. Denn die Einigungsvorschläge werden von der Schiedsperson unterbreitet und sind bei Einwilligung vollstreckbar.[205] Kommt bei der Schlichtung keine Einigung zustande oder gilt es schwerwiegendere Angelegenheiten zu behandeln, sind die Beteiligten auf die richterliche Rechtsprechung verwiesen, die im Rahmen eines **Gerichtsverfahrens** stattfindet und mit einem rechtskräftigen Urteil endet. Neben der zwingenden Teilnahme am Verfahren gilt bei der Gerichtsverhandlung die Entscheidung nach dem Gesetz, damit nach objektivierten Kriterien.

Streitschlichtung in der Schule weist indes Berührungspunkte mit den Verfahren Negotiation, Mediation und Schlichtung auf. Schüler sollen Schülerstreitschlichter nach Vorfällen konsultieren, die durchaus mit denen vergleichbar sind, die auch zu einer Schlichtung zwischen Erwachsenen führen können. Im Unterschied zur außerschulischen Schlichtung sollen die Schüler jedoch die Lösung ihres Konflikts selbst erarbeiten. Mit diesem Anspruch auf Selbstbestimmung rückt die Schülerstreitschlichtung wiederum in die Nähe von Mediation. Dies macht in

---

204 Zur Schlichtung siehe: Bund Deutscher Schiedsmänner und Schiedsfrauen e.V. (Hrsg.): Das Verfahren vor dem Schiedsamt/ Der Schiedsstelle. 2009, S. 2f.

205 Vgl.: Bund Deutscher Schiedsmänner und Schiedsfrauen e.V. (Hrsg.): Über die Bedeutung der vorgerichtlichen Streitschlichtung und die Arbeit der Schiedsämter/ Schiedsstellen und Schiedspersonen. 2008.

Anbetracht der Anlässe nur Sinn, wenn davon ausgegangen wird, dass der Eskalation ein einfacheres Sachproblem oder sogar nur ein Kommunikationsproblem zugrunde liegt (Johnson und Johnson). Ferner sollten beide Schüler „Anteil an dem Streit haben“ und damit auch an der vorgefallenen Gewaltausübung. Wäre dies nicht der Fall, hätte beispielsweise ein Schüler einen anderen aus Frust oder Bosheit geprügelt, beleidigt oder bestohlen, gäbe es nichts zu verhandeln. Dann müssten Lehrer intervenieren, letztlich auf den Täter mit Erziehungsmaßnahmen einwirken. Denn bestände kein beidseitiger Anteil an dem Streit und die Schüler würden diesen unterstützt verhandeln, käme dies einem Kuhhandel gleich, in dem ein Opfer seine Rechte veräußert; wohlmöglich in der Hoffnung, dass der jetzige Täter beim nächsten Angriff mit Schlägen spart, weil er durch die Schlichtung dem Tadel der Pädagogen entgehen durfte. Um den Opferschutz zu gewährleisten finden sich in den Konzepten Grenzziehungen zwischen „Alltagskonflikten“, die in der Streitschlichtung behandelt werden dürfen, und Anlässen, die für diese ungeeignet sind.[206] Anhand dieser Regelungen sollen Streitschlichter wissen, wann sie Fälle an Lehrer oder Betreuer durchreichen müssen und Lehrer, welche sie an die Streitschlichtung abgeben können. Allerdings enthalten die sogenannten Alltagskonflikte alle unerlaubte Übergriffe und die Grenze zwischen leichten und schweren Vergehen ist fließend. Auch Hinweise wie der, dass Angelegenheiten, die Verstöße gegen Gesetze enthalten, an die Betreuer abgegeben werden müssen,[207] sind Reparaturleistungen, die eine im Kern widersprüchliche Sache überdecken: Kommen die Streitschüler freiwillig zur Schlichtung und zählen auf die ihnen zugesicherte Vertraulichkeit, sollen die Schlichter diese aufbrechen, wenn sie den Sachverhalt für zu schwerwiegend erachten. Und umgekehrt, indem die Betreuer die Angelegenheiten im Vorfeld auf ihre Aus-

206 Beispielsweise in: Herzog, Beate: Unsere Schule Streitet mit Gewinn. 2007, S. 83 u. 38. Siehe auch: Johnson, David W.; Johnson, Roger T.: Teaching Students To Be Peacemakers. 1995, S. 7:3 u. S. 7:8.

207 So stellen etwa versuchte Körperverletzung, Sachbeschädigung und Beleidigung gleichermaßen Straftatbestände im Sinne des Strafgesetzbuchs dar. Der allein stehende Verweis auf „Gesetzesverstöße“ (etwa in Jefferys-Duden, Karin: Das neue Streitschlichterprogramm. 2005, S. 55) ermöglicht nicht aus sich heraus schon eine klare Zuteilung von Fällen für die Schülermediation. Im Gegenteil: Er ist erzieherisch folgenreich. Denn eine wertende Abstufung konkreter Übergriffe, etwa in leichte und schwere, steht der als absolut gedachten personalen Integrität entgegen und hat prinzipiell einen „gewaltsamen Zug“ inne (Derrida, Jaques: Gesetzeskraft. 1991, S. 46ff). Mit dem Verweis auf die Gesetze im Sinne des positiven Rechts wird dieser gewaltsame, aber wegen der Auslegungsbedürftigkeit der Texte notwendige, Zug übersehen und somit die darin liegende Verantwortung nicht erfasst.

maße hin sondieren, beschränken sie die Vertraulichkeit und limitieren die Freiwilligkeit zur Teilnahme am Verfahren auf die Wahl zwischen Bearbeitung des Vorfalls durch Erwachsene und Schülermediation. Darüber hinwegsehend könnten Lehrer es als Zeichen der Selbstständigkeit werten, wenn Schüler zur Beilegung ihrer Konflikte die Schlichtung aufsuchen, und Förderung der Selbstständigkeit vorschieben,[208] wenn sie selbst gerade keine Zeit zur Konfliktbearbeitung haben und deswegen Schüler fürs Erste an die Schlichtung weiterleiten. Außerdem baut das Verfahren für den Fall, dass eben nicht beide Parteien Anteil an dem Streit hatten, vor, indem durch die Anwendung von Techniken die Sachverhalte eingeebnet werden. Hierzu dürfte besonders das „aktive Zuhören" beitragen, das die Streitschlichter in ihrer Ausbildung erlernt haben. Dieses beinhaltet u. a.: „Ermutigen und Verständnis zeigen durch Blickkontakt", „volle Konzentration auf den Gesprächspartner", „zugewandte und entspannte Körperhaltung", „zustimmendes Nicken, Hm, Hm", und „Abwertungen umformulieren".[209] Streitschlichter, die diese Ratschläge bedenkenlos umsetzen, würden auf angespannte Parteien und begangenes Unrecht mit Entspannung und Verständnis reagieren, würden nicht zuletzt Beleidigungen, indem sie sie umformulieren, versachlichen und damit verstärken. Insgesamt dürften die beiden Schritte „Sichtweisendarstellung" und „Konflikterhellung" nicht dazu beitragen, dass der Konflikt sachlich ausdifferenziert wird. Vielmehr werden die Gefühle der Streitschüler vor allem bezüglich des vorgefallenen Regelbruchs thematisiert, um die Parteien zum Perspektivwechsel zu bewegen. Dieser soll Täter etwas von dem Schmerz ihrer Opfer spüren lassen:

> „Mit dem psychologischen Konstrukt der Empathie soll die mit Mitleid verbundene Konzentration auf die Affekte durch die Beschreibung von kognitiven Leistungen überwunden werden. Empathie zeigt jemand, der sich in den anderen hineinversetzen kann, Mitleid mit ihm muß er nicht haben. Empathie wird praktisch durch Sympathie, und gesteigert wird sie durch sympathetische Identifikation mit einem anderen. Aber sie zeigt sich auch in nüchternem Fremdverstehen und schließt nicht einmal Antipathie aus. Die Tatsache allein, daß ein Mensch recht genau zu verstehen mag, was im anderen vorgeht, daß er dessen Perspektive hypothetisch

208 Vgl.: Gruschka, Andreas: Wenn zwei sich streiten, freut sich der Dritte. 2006, S. 64.

209 Vgl.: Jefferys-Duden, Karin: Konfliktlösung und Streitschlichtung. 2000, S. 102. Ähnliche Anweisungen erhalten die Schüler in „Schlichter-Schulung in der Schule" im Rahmen eines Rollenspiels, das zur Einübung von Techniken zur Gesprächsführung dient: Bründel, Heidrun; Amhoff, Birgit; Deister, Christiane: Schlichter-Schulung in der Schule. 1999, S. 116.

> übernehmen und danach Handlungsmotive erklären und Handeln prognostizieren kann, sagt noch nichts darüber aus, wie er dieses Wissen nutzt. Es mag ihn dazu bewegen, sich mit dem anderen zu identifizieren, mit seinen deutlich gewordenen Stärken und Schwächen, er kann seine Einsichten aber auch strategisch bewerten und nutzen. Die Fähigkeit zur Empathie erleichtert es dann, den anderen um so wirkungsvoller zum Verfügungsobjekt zu machen."[210]

Anscheinend sieht das Verfahren gegen Ende den Vertragsabschluss eben deswegen vor, weil selbst aus einer gelungenen Perspektivübernahme keine Verhaltensbesserung folgen muss. Liegt dem Konflikt hingegen ein Kommunikationsproblem oder ein Streit um die Nutzung einer Sache zu Grunde (Johnson und Johnson), dann ist die Darstellung von Gefühlen zur Klärung und Problemlösung nicht einmal notwendig. Daher besteht bei sturer Anwendung des Verfahrensschemas und der dazugehörigen Techniken die Gefahr, dass Anlässe gleichgemacht und unsachgemäß behandelt werden.[211]

Festgehalten werden kann, dass Schülerstreitschlichtung zwar Berührungspunkte mit verschiedenen Verfahren – Negotiation, Mediation und Schlichtung – aufweist, doch zu Recht „Schlichtung" heißt. Denn während Mediationsverfahren nicht der Durchsetzung „bestimmter, von vornherein festgelegter Ziele"[212] dienen, sollen Schüler sich gegenseitig mithilfe des komplizierten Verfahrens der Streitschlichtung „ohne Autoritäten"[213] auf die in Schule und Gesellschaft geltenden Normen verpflichten. Die Institution und die sie umgebenden Verhältnisse schlichten sozusagen durch die Schülermediation hindurch, indem die Heranwachsenden zwar vordergründig mit einem Problem zwischen sich beschäftigt werden, dieses aber in der Regel eines zwischen den Streitenden und dem gesellschaftlichen Wertekanon ist. So handeln die Schüler in der Streitschlichtung im Idealfall etwa einen Plan aus, wer wann das Basketballfeld benutzen darf, damit künftige Prügeleien um dieses ausbleiben. Auf diese Weise würde im Hinblick auf die erfolgte Lösung zwischen Parteien zugleich mediiert und geschlichtet: Mediiert im Sinne der Findung eines Kompromisses im Rahmen geltender Regeln, der möglichst den Interessen aller beteiligten Parteien entspricht. Geschlichtet, weil eine unerwünschte Handlungsform zum Verfahren geführt hat

210 Gruschka, Andreas: Bürgerliche Kälte und Pädagogik. 1994, S. 111f.

211 Vgl.: Gruschka, Andreas: Wenn zwei sich streiten, freut sich der Dritte. 2006, S. 60f.

212 Hehn, Marcus: Entwicklung und Stand der Mediation – ein historischer Überblick. 2009, S. 177.

213 Vgl.: Jefferys, Karin; Noak, Ute: Streiten-Vermitteln-Lösen. 1998, S. 114. Und: Herzog, Beate: Unsere Schule Streitet mit Gewinn. 2007, S. 22.

und Schlichtung keine Diskussion über die Notwendigkeit der Einhaltung geltender Regeln vorsieht. Durch die Empathieübung und den vertraglichen Abschluss könnte bei den Schülern sogar der Eindruck entstehen, dass sie die zuvor verletzte Norm selbst erarbeitet haben.

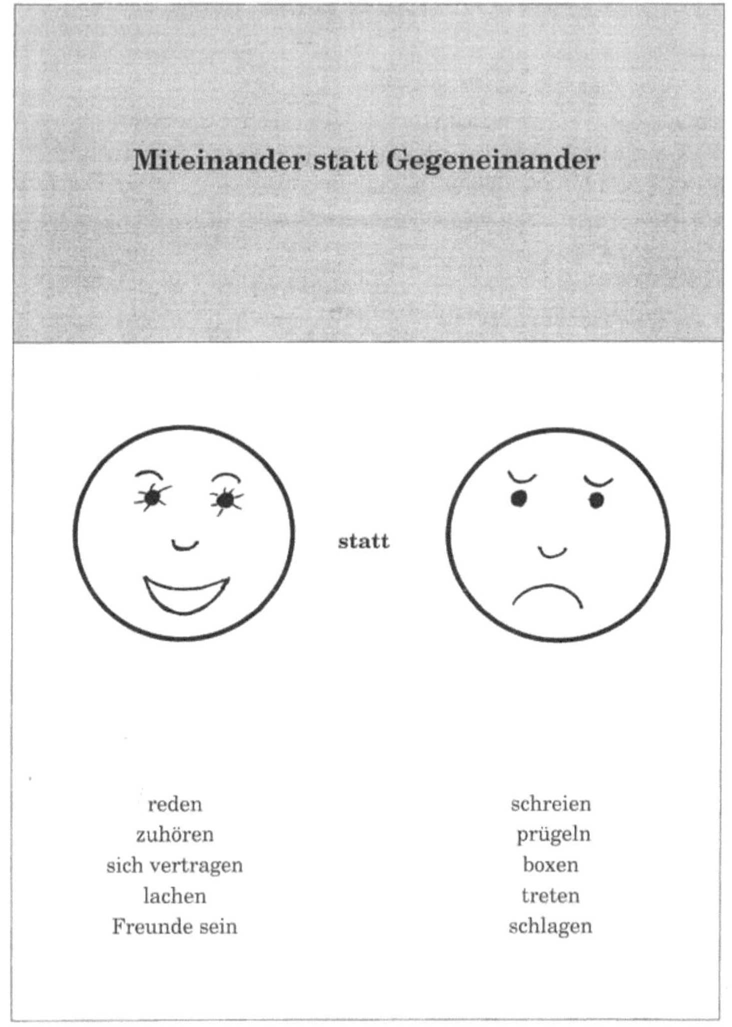

Der Wortherkunft gemäß bedeutet schlichten „[…] *in gleicher weise wie* richten […] *'etwas in zweckentsprechender weise vorbereiten, rüsten, gestalten, zuwege bringen, ordnen'.*“[214] Unterstellt werden könnte daher in einer Verlängerung der Überschrift des obenstehenden Plakatvorschlags[215] für einen Projekttag zur Streitschlichtung, dass diese einen Beitrag dazu leisten will, dass die Schüler reibungsloser miteinander konkurrieren statt sich gegeneinander mit überkommenen Formen von Gewalt zu bekämpfen. Hierbei agiert die Streitschlichtung deutschsprachiger Konzepte jedoch heimlich, sozusagen nach einem „hidden curriculum“,[216] weil sie ihre Absichten nicht in vollem Umfang offen legt. Sie hat daher mehr mit den aus den USA stammenden Verkaufstricks[217] gemein als das von dort kommende Programm von Johnson und Johnson, in dem Konkurrenz und Wettbewerb – wenn auch nicht kritisiert, so doch – bewusst thematisiert werden.

„Die Schule – als Institution – erzieht.“[218]

214 Grimm, Jacob; Grimm, Wilhelm: Deutsches Wörterbuch. Band 15. 1984, 668ff.

215 Bründel, Heidrun; Amhoff, Birgit; Deister, Christiane: Schlichter-Schulung in der Schule. 1999, S. 143.

216 Vgl.: Gruschka, Andreas: Bürgerliche Kälte und Pädagogik. 1994, S. 117ff. Und: Tillmann, Klaus-Jürgen: Sozialisationstheorien. 2004, S. 172.

217 Eine Ausführung der Zusammenhänge würde den Umfang dieser Arbeit sprengen. Dennoch lassen sich durch die Undurchsichtigkeit der Regelungen zur „freiwilligen“ Teilnahme an dem Verfahren, das in den Abschluss eines Vertrags mündet, Parallelen zur „Low-Ball Procedure“ und anderen Verkaufstechniken bestimmen. Vgl.: Cialdini, Robert B.; Guadagno, Rosanna E.: Sequential Request Compliance Tactics. 2004. S. 207–222.

218 Siegfried Bernfeld, zitiert nach: Gruschka, Andreas: Auf dem Weg zu einer Theorie des Unterrichtens. 2005, S. 9. Zur Unterscheidung zwischen Erziehung und Sozialisation aus Sicht der Pädagogik siehe: Gruschka, Andreas: Negative Pädagogik. 2004, S. 253.

IV Erziehung durch Lernen

„Art. 7 Abs. 1 GG enthält einen umfassenden schulischen Bildungs- und Erziehungsauftrag […]“,[219] der in den jeweiligen Schulgesetzen der Länder näher bestimmt wird. Bemerkenswert ist hierbei die gängige Formulierung, dass nicht Pädagogen erziehen und bilden, sondern die Institution den Auftrag dazu hat. Im HSchG heißt es u. a.:

> „Die Schule soll den Schülerinnen und Schülern die dem Bildungs- und Erziehungsauftrag entsprechenden Kenntnisse, Fähigkeiten und Werthaltungen vermitteln. Die Schülerinnen und Schüler sollen insbesondere lernen, sowohl den Willen, für sich und andere zu lernen und Leistung zu erbringen, als auch Fähigkeiten zur Zusammenarbeit und zu sozialem Handeln zu entwickeln, […].“[220]

Die Heranwachsenden sollen also nicht zu Leistungsbereitschaft und Zusammenarbeit erzogen werden, sondern sie sollen „den Willen“ dazu „erlernen“. Ebenso *sollen* sie lernen „[…] Konflikte vernünftig und friedlich zu lösen, aber auch Konflikte zu ertragen […].“[221]

Die mit Zwang verbundene Erziehung der Heranwachsenden ist laut Gesetzestext nicht Aufgabe der Lehrkräfte. Im Gegenteil. Dieser verbietet Zwang. Pädagogen sollen die Schüler weitgehend durch Wissensvermittlung dazu bringen, dass sie aus freien Stücken so werden, wie die erziehenden Institutionen sie haben wollen. Weil deshalb die Institution erzieht, muss sie als verwaltende Anstalt den Zwang auf sich nehmen und tut dies mit der Schulpflicht. Den Heranwachsenden wird damit ebenso die Möglichkeit eines langandauernden Schulbesuchs zugesichert (Recht auf Bildung), wie sie zu diesem gezwungen, d.h. dort hingeschafft werden, wenn sie sich verweigern (Schulzwang). Spätestens mit der Aufweichung des „besonderen Gewaltverhältnisses“ durch die Entscheidung des Bundesverfassungsgerichts vom 1972,[222] „[…] wurden die Kinder vor der physischen Bedrohung und Bestrafung geschützt.“[223] Reste von Erziehung durch Lehrer finden sich in den Schulgesetzen als pädagogische Maßnahmen und Ordnungsmaßnahmen. Dabei reichen die pädagogischen Maßnahmen von Ansprachen, über Nachsitzen bis zur zeitweisen Wegnahme von Gegenständen und die Ordnungsmaßnahmen erlauben es, störende Schüler in andere Klassen

219 Staupe, Jürgen: Schulrecht von A–Z. 2007, S. 43.
220 Hessisches Kultusministerium (Hrsg.): Hessisches Schulgesetz. 2005, S. 446f. (§2)
221 Ebd. S. 447. (§2)
222 „Staupe, Jürgen: Schulrecht von A–Z. 2007, S. 40.
223 Vgl.: Gruschka, Andreas: Bürgerliche Kälte und Pädagogik. 1994, S. 287.

oder Schulen zu verschieben oder kurzzeitig vom Unterricht auszuschließen.[224] Faktisch agieren Lehrkräfte aber stets in lebendigen Beziehungen mit den Heranwachsenden, weswegen der Großteil von Erziehung sich nicht nach diesen Verwaltungsvorschriften, sondern ungleich sublimer abspielt.

> „Der für die Schule als Institution zentrale Vorgang der Zusammenfassung von Kindern eines Jahrgangs in einer Schulklasse schafft für diese Kinder uniforme Bedingungen der Trieb- und Interessenbefriedigung. Diese Vereinheitlichung kommt dadurch zustande, daß die Kinder aus ihren bisherigen individuellen familiären Lebensverhältnissen in bestimmten räumlich-zeitlichem Umfang für bestimmte begrenzte Zwecke herausgelöst und vor einem Lehrer oder einer Lehrerin versammelt werden. Der institutionelle, d.h. hier: der unterrichtliche und erzieherische Effekt dieser Versammlung liegt in der möglichst vollständigen Monopolisierung der Trieb- und Interessenbefriedigung beim Lehrer. [...] Allein auf der Grundlage solcher maximaler gemeinsamer Abhängigkeit der Schüler hinsichtlich jeglicher Bedürfnisbefriedigung vom Lehrer entfaltet sich der künstliche Prozeß der Wissensvermittlung, Fertigkeitsausbildung und Verhaltenskultivierung in der Schule als ein kontrollierter Vorgang kollektiver Triebreglementierung und Charakterbildung.“[225]

Kinder, die die Schule in Deutschland ab ihrem sechsten Lebensjahr besuchen, waren vorher in ihrer Trieb- und Interessenbefriedigung überwiegend von den Eltern (bzw. Erziehungsberechtigten) abhängig.[226] Diese Beziehungserfahrung übertragen sie nun auf den Lehrer, der die Zugeneigtheit der Heranwachsenden weitgehend zweckrational umformt, indem er sie auf das Lernen lenkt. An die Gepflogenheiten des Unterrichts angepasstes Verhalten und erfolgreich erlernte Kenntnisse werden erst mit Lob belohnt und bald mit Noten bewertet. Gemäß ihrer Rolle erziehen Lehrkräfte damit primär durch die Vermittlung von Wissen und mit dem Druck der Bewertung des Gelernten in Form von Noten. Hinter der schulisch vorgeschriebenen Leistungsbewertung verbirgt sich demnach ein nicht unerheblicher Teil der institutionellen Erziehung.

Letztlich steht der Lehrer aber nicht nur als Repräsentant seines Standes vor den Heranwachsenden, sondern ebenso als Mensch. Des-

---

224 Vgl.: Hessisches Kultusministerium (Hrsg.): Hessisches Schulgesetz. 2005, S. 474f. (§ 82)

225 Fürstenau, Peter: Zur Psychoanalyse der Schule als Institution. 1969, S. 17.

226 Möglich ist selbstverständlich, dass sie vor dem Schulbesuch bereits Erfahrungen mit Institutionen, wie Kinderkrippe und -tagesstätte, machen konnten. Diese ähneln in ihrer Struktur schon mehr der Schule als dem Elternhaus.

wegen wird er auf Angriffe und Störungen auch emotional reagieren; mit Tadel, Zeigen von Enttäuschung, Anschreien der Schüler, etc.

> „Ein weiterer für die Autoritätsstruktur der Lehrerolle wichtiger Zug hängt mit der sogenannten Lehrfreiheit zusammen. Da die Schule als Erziehungsinstitution keine reine zweckrationale Organisation ist und sein kann, ist das Lehren und Unterrichten an persönliche Momente und die Voraussetzung eines Spielraumes freien persönlichen Ermessens gebunden. [...] Aber im Unterschied zur Lehrfreiheit des Hochschullehrers, die klar fixiert ist, ist die Lehrfreiheit des Schullehrers vom Charakter einer je faktischen Rest-Freiheit. Der Freiheits-Spielraum des Lehrers wird durch das konstituiert, was staatliche Vorschriften und Verfügungen, Weisungen des Schulleiters und Beschlüsse des Kollegiums jeweils noch ungeregelt gelassen haben."[227]

Dem Lehrer wird demnach Freiheit gleichermaßen zugestanden, wie zugemutet. Am Beispiel mit der Situation an der Tischtennisplatte kann das Spektrum der Rest-Freiheit – hier im Hinblick auf die erzieherische Funktion des Lehrers – angedeutet werden: Der Lehrer hätte zum Gespräch dableiben und die Situation beurteilen, daraufhin die Schüler tadeln oder gar Ordnungsmaßnahmen einleiten können. Ebenso hätte es ihm offen gestanden, die Eltern der beiden zu benachrichtigen, damit diese erziehend eingreifen. Oder er hätte aus Zeitdruck – um seinen Auftrag, die Schüler auf dem Schulhof zu beaufsichtigen, nicht zu vernachlässigen – die Sache bagatellisieren und schnell weiterziehen können.

Insbesondere im Unterricht dürfte letzteres wegen der räumlichen Nähe und der Anforderung an den Lehrer, den Fluss des Unterrichtens zu gewährleisten, schwerer fallen. Zwar kann er auch hier versuchen, über Probleme und Konflikte einfach hinwegzugehen, muss sie aber spätestens dann bearbeiten, wenn die Schüler es mit Nachdruck einfordern beziehungsweise der Unterricht durch Unruhe zu kippen droht.

> „Unter dem dominanten Gesichtspunkt der Steuerung des Unterrichts wird die erzieherische Reaktion auf unerwünschtes Verhalten aber nur selten als eine Aufgabe sui generis betrachtet, sondern sie wird vor allem als „Betriebsstörung" wahrgenommen, die möglichst schnell behoben werden muss: in der Regel durch verstärkte Verhaltenssteuerung. Deren Modi sind in der weitgehend von direkter Repression befreiten Schulklasse gut bekannt: Ermahnung, Zurechtweisung, Verweis auf die negativen Folgen mit Blick auf die nächste Klassenarbeit u.ä.m. Ohne Zweifel handelt es sich dabei um erzieherische Maßnahmen."[228]

---

227 Fürstenau, Peter: Zur Psychoanalyse der Schule als Institution. 1969, S. 15.

228 Gruschka, Andreas: Auf dem Weg zu einer Theorie des Unterrichtens. 2005, S. 36f.

Die Beschränkung von Erziehung auf das Beheben von Betriebsstörungen wird vor dem Hintergrund verständlicher, dass auf Schulen, Schüler und Lehrer nicht zuletzt durch medial großinszenierte Ländervergleiche und daraus erwachsene Bildungsstandards Druck ausgeübt wird: Mehr Kenntnisse, Wissen und höhere Kompetenzen ließen sich nur durch besseren Unterricht erzielen. Eine Trennung von Unterricht und Erziehung kann daher unterrichtsökonomisch erstrebenswert erscheinen. Umfragen haben ergeben, dass Lehrkräfte sich von der Einführung von Schülerstreitschlichtung Zeitersparnis erhoffen:

> „Von allen erwachsenen Akteur/innen wird die Erwartung, eine Entlastung für den Unterricht zu erfahren, am häufigsten genannt. Damit verbinden sie die Erwartung, dass mehr Konflikte durch geschulte Streitschlichter/innen vor allem in den Pausenzeiten gelöst werden, so dass „mehr Ruhe" in den Klassen einkehrt und dadurch ungestörter Unterricht möglich ist. Sie erwarten, „dass kleinere Sachen dann wirklich ein bisschen von unserem Tisch sind, dass es für uns eine gewisse Erleichterung bringt" (andere/r Lehrer/in, 109). Von einer/m Schulleiter/in wird insgesamt für das Kollegium die Erwartung formuliert, dass durch die Streitschlichtung „der Schulfrieden hergestellt" wird, um „den Kopf frei zu haben für die eigentliche Arbeit" (Schulleiter/in, 483)."[229]

Damit erinnert die (gefühlte) Überlastung der Lehrer an die oben beschriebene der amerikanischen Gerichte, die dort zur Findung alternativer Konfliktlösungsmöglichkeiten drängte und infolgedessen die Wiederentdeckung der Mediation zeitigte. Mit dem Titel „Neue Erziehung in der Schule: Streitschlichtung und Trainingsraum" hat Anna-Lena Klauß ihre Diplomarbeit überschrieben.[230] Die Konzepte zielen auf die Bearbeitung von erziehungsbedürftigem Verhalten; das erste allgemein auf Streit (hauptsächlich auf den zwischen Schülern), das zweite auf Störungen des Unterrichts. Gemeinsam ist beiden, dass Erziehung bei der Behebung von „Betriebsstörungen" ansetzt *und* dass Lehrkräfte sich nicht vorrangig am Ort des Geschehens um die Angelegenheiten kümmern, sondern die problembehafteten Schüler auf eine andere Bearbeitungsstelle hinweisen oder gar ausdrücklich dorthin weiterleiten[231] –

229 Behn, Sabine; Kügler, Nicolle; Lembeck, Hans-Josef u. a.: Mediation an Schulen. 2006, S. 220. Ebenso: Schmitt, Annette: Konfliktmediation in der Schule. 2005, S. 62f.

230 Klauß, Anna-Lena: Neue Erziehung in der Schule: Streitschlichtung und Trainingsraum. 2008.

231 Bezüglich der Methode der Streitschlichtung siehe Abschnitt III dieses Kapitels, der des Trainingsraums: Vgl.: Ebd. S. 23. Und: Jornitz, Sieglinde: Der Trainingsraum: Unterrichtsstörung als Bumerang. 2005, S. 98ff.

hierin könnte das Neue dieser Erziehung bestehen. Während die Schüler jedoch im Trainingsraum in der Regel von Lehrkräften betreut werden, treten diese nur selten als Schlichter in der Streitschlichtung auf, denn ihre verbreitetste Form ist die „Peer-Mediation".[232] Von Konfliktbearbeitung durch „Gleichrangige" oder „Gleichaltrige" (gemäß der Übersetzung von „peer" aus dem Englischen) geht nicht nur die Hoffnung auf Zeitersparnis seitens der Lehrerschaft aus, sondern auch, dass Vorfälle bearbeitet werden, die den Erwachsenen sonst entgehen:

> „Eine weitere Stärke der Mediation durch Gleichaltrige ist darin zu sehen, dass Betroffene eher bereit sind, sich Gleichaltrigen anzuvertrauen, die nicht strafend eingreifen können und wollen, als Erwachsenen gegenüber zu „petzen" und damit „Gesichtsverlust" und weitere Sanktionen durch die Täter zu riskieren (vgl. Cowie, 2000). Dieses Argument der vglw. *leichten Zugänglichkeit* der Hilfe durch Gleichaltrige wiegt schwer. So sind Erwachsene relativ selten Zeugen von körperlicher Aggression unter Schülern und werden auch von Bullying-Opfern nur in etwa der Hälfte der Fälle informiert (vgl. Whitney und Smith, 1993), unbeteiligte *Gleichaltrige* aber sind bei den meisten Vorkommnissen von Gewalt unter Schülern anwesend (O'Connel, Pepler und Craig, 1999)."[233]

Gleichwohl hat sich Mediation in der Praxis deutscher Schulen an den von Schmitt genannten Vorzügen vorbei entwickelt. Ergebnisse der bundesweiten Evaluation zeigen, dass

> „[...] Peer-Mediation in der Praxis als Mediation von älteren für jüngere Schüler/innen umgesetzt wird. Gleichaltrige mediieren nur in Ausnahmen in den Konflikten zwischen ihren Mitschüler/innen. An der Mehrzahl der Schulen wird sorgfältig darauf geachtet, dass die Mediator/innen älter als die Mediierten sind. Jüngere Schüler/innen werden zur Mediation von Konflikten zwischen älteren Mitschüler/innen nicht eingesetzt. Der Begriff Peer wird damit in der Praxis eher im Sinne von „Gleichrangige" oder „Gleichwertige" genutzt: Schüler/innen – nicht Lehrer/innen – mediieren Schüler/ innen."[234]

In Anbetracht der Tatsache, dass schon in Konzepten empfohlen wird, ältere Schüler zur Schlichtung der Streitigkeiten von jüngeren einzuset-

---

232 Vgl.: Behn, Sabine; Kügler, Nicolle; Lembeck, Hans-Josef u. a.: Mediation an Schulen. 2006, S. 17.

233 Schmitt, Annette: Konfliktmediation in der Schule. 2005, S. 18f. (Mitzitierte Quellen: Cowie, H.: Bystanding or standing by: Gender issues in coping with bullying in English schools. 2000. Whitney, I; Smith, P.K.: A survey of the nature and extend of bullyind in junior/middle and secondary schools. 1993. O'Connel, P.; Pepler, D.J.; Craig, W.: Peer involvement in Bullying. 1999.)

234 Behn, Sabine; Kügler, Nicolle; Lembeck, Hans-Josef u. a.: Mediation an Schulen. 2006, S. 138.

zen, überrascht dieser Befund nicht. [235] Jedenfalls beschränken Behn, Kügler, Lembeck u. a. deswegen ihren Begriff von „peer“ auf „Gleichrangige“ im Hinblick auf ihre gemeinsame Rolle als Schüler. Verwunderlich ist hingegen, dass sie aufgrund eines weiteren Befundes ihrer eigenen Erhebungen die Bezeichnung „peer“ noch beibehalten:

> „So liegt die Anzahl der Schülermediator/innen (im Mittelwert) bei zehn und 14 Personen. Schulen mit bis zu 100 Schüler/innen erreichen dabei im Schnitt genauso zwölf Mediator/innen wie Schulen mit mehr als 1.000 Schüler/innen. In der Praxis existiert an den Schulen je ein Mediationsprojekt unabhängig von der Größe der Schule, so dass die Kapazität des Projektes jeweils auf eine ähnliche Anzahl von Schüler/innen beschränkt ist.“[236]

Das bedeutet, dass selbst wenn Konzepte wie das von Jefferys und Noak eingesetzt wurden, denen gemäß alle Schüler einer Schule im Unterricht dem „kooperativen Konfliktlöse-Training“ unterzogen wurden und anschließend die „Streit-Schlichter-Ausbildung“ durchlaufen haben,[237] trotzdem nur wenige ältere Schüler im Rahmen eines Projekts tatsächlich als Streitschlichter tätig sind. Umgesetzt wurde Streitschlichtung in Deutschland damit größtenteils ähnlich dem Kader-Ansatz, wie ihn beispielsweise Bründel, Amhoff und Deister vorschlagen. Vor diesem Hintergrund wird der „peer“-Begriff nicht nur unpassend, sondern irreführend. Nach Oevermann werden Heranwachsende im Kontext der formalen Organisation von Schule vergesellschaftet, indem sie zu bestimmten Zeiten in Klassen zusammengebracht werden. Parallel zur Vergesellschaftung findet aber eine Vergemeinschaftung statt, die sich von jener darin unterscheidet, dass die Heranwachsenden in ihr als ganze Personen interagieren und sich daher naturwüchsig zu „peer groups“ zusammenfinden. Die Prozesse unterscheiden sich gerade darin, dass die Vergesellschaftung durch Planung und Steuerung von außen angestoßen wird, während die Vergemeinschaftung sich dieser Art von Steuerung entzieht: „Sie [die „peer groups“; R.K.] bilden sich zwangsläufig, was auch immer die Schule konkret tut, als je eigenlogische Sozialformen außerhalb der planbaren pädagogischen Funktionen der Schule.“[238]

235 Siehe beispielsweise: Bründel, Heidrun; Amhoff, Birgit; Deister, Christiane: Schlichter-Schulung in der Schule. 1999, S. 17. Und: Püschel, Helmut: Angry young man. 2000, S. 26.

236 Behn, Sabine; Kügler, Nicolle; Lembeck, Hans-Josef u. a.: Mediation an Schulen. 2006, S. 95.

237 Vgl.: Jefferys, Karin; Noak, Ute: Streiten-Vermitteln-Lösen. 1998, S. 10ff.

238 Oevermann, Ulrich: Brauchen wir heute noch eine gesetzliche Schulpflicht und welches wären die Vorzüge ihrer Abschaffung? 2003, S. 66.

Auch Krappmann und Oswald erwähnen Spontaneität als Merkmal zur Bildung von „peer groups“:

> „Gemeint ist damit [mit der „peer group“; R.K.] ein Zusammenschluß von annähernd Gleichaltrigen, der von diesen selbst gestiftet und nicht von Erwachsenen organisiert wird, in dem die Zugehörigkeit freiwillig ist und in welchem die Mitglieder ihre Angelegenheiten weitgehend ohne Aufsicht und Eingriffe Erwachsener regeln. Gelegentlich werden diese Gruppen „spontan“ genannt: damit ist gemeint, daß sie sich frei bilden und daß keine formalisierten Zugangsregeln bestehen.“ [239]

Selbst wenn die Schüler sich freiwillig zu Streitschlichtern haben ausbilden lassen und bei erfolgreicher Implementierung des Programms ihre Angelegenheiten ohne die Eingriffe Erwachsener regeln, haben sie den Zusammenschluss zur Gruppe der Streitschlichter weder selbst organisiert noch können sie die Projekte ohne Zutun der Erwachsenen in der Schule aufrechterhalten. Schon weil die Streitschlichter eine Ausbildung durchlaufen – die mancherorts sogar mit einem Zertifikat belohnt wird[240] – entspricht dies nicht dem Verständnis von selbstbestimmter Planung und Freiheit von formalisierten Zugangsregeln.

Aus dem Zwang, dass allen Heranwachsenden, sobald sie in die Schule eintreten, die Rolle des Schülers (als Komplement zu der des Lehrers) zugewiesen wird, folgt eben nicht, dass sie sich alle in einer „peer group“ zusammenschließen. Im Hinblick auf die Befunde der bundesweiten Evaluation wäre es korrekt zu sagen, dass Schüler, die die Ausbildung zum Streitschlichter abgeschlossen haben und in einem Projekt in dieser Funktion tätig sind, sich zu ihrer zugeschriebenen Schülerrolle eine zweite selbst erarbeitet haben, nämlich die des Streitschlichters.[241] Jüngere Schüler, die einen Streit haben, wünschen eine Schlichtung oder werden von einem Lehrer zu dieser weitergeleitet. Die Schlichter, denen sie begegnen, sind aus höheren Klassen, damit nicht zwangsläufig aus ihrem Bekanntenkreis. Vermutlich kennen sie diese eher aus Informations- und Werbeveranstaltungen, wie den Info- und

---

239 Krappmann, Lothar; Oswald, Hans: Alltag der Schulkinder. 1995, S. 43.

240 Siehe beispielsweise: Bründel, Heidrun; Amhoff, Birgit; Deister, Christiane: Schlichter-Schulung in der Schule. 1999, S. 23. Das Muster für das sogenannte „Extrazeugnis“ befindet sich auf S. 139.

241 Ergänzend zur Rolle des Streitschlichters kommt den Heranwachsenden, deren Angelegenheit mithilfe des Verfahrens behandelt wird, die Rolle der Streitenden zu. Nichtsdestoweniger sind Streitende wie Schlichter Schüler, die im Durchgang durch die Schule erzogen werden sollen.

Projekttagen oder der Schlichterdisco „für die Klassen 5-7".[242] Mit einem zentralen Widerspruch, der auch in der Diskussion um die Professionalisierung pädagogischer Tätigkeiten, insbesondere bezüglich des Lehrberufs, thematisiert wird, müssen daher auch die Streitschlichter umgehen: Denn sie agieren mit den Streitenden in einer Sozialbeziehung, die sich sowohl durch diffuse als auch spezifische Anteile auszeichnet. Als Schüler unter Schülern besteht die Möglichkeit, dass sie sich als ganze, einmalige Personen begegnen, während sie sich mit der Rolle des Streitschlichters von der Masse der Schüler abheben und in ihrer spezifischen Funktion als Personen prinzipiell austauschbar sind.[243] Wenngleich die gängige Bezeichnung „Peer-Mediation" dies aus dem Blickfeld geraten lässt, finden sich in der Forschungsliteratur Hinweise darauf, dass Professionalisierung thematisch werden sollte:

> „Das anfänglich vorherrschende, im Alltag vertraute Verständnis einer Konfliktregelung, man müsse den Konfliktparteien ihr Fehlverhalten deutlich machen und Verhaltensänderungen vorschlagen, ändert sich also im Laufe des Trainings hin zu einem „professionelleren" Rollenverständnis, das den Grundprinzipien der Mediation entspricht.

Allerdings weisen die Ergebnisse sowohl zur Anzahl als auch Art der erinnerten Phasen darauf hin, dass eine Untergruppe der Schüler den Mediationsprozess eher rudimentär erinnerte [...]. Immerhin 20% der trainierten Mediatoren konnten nur zwei oder weniger Mediationsschritte aufzählen. Insbesondere die Phasen „Konflikterhellung" und „Übereinkunft" wurden häufig nicht erinnert."[244]

Auch Haack-Wegner und Schrör haben in ihren Untersuchungen festgestellt, dass die Streitschlichter während ihrer Ausbildung zu den im Alltag geläufigen Nachfragen, „wie es denn wirklich war" und „wer denn nun mit dem Streit angefangen hat", tendieren. Ferner bemerken sie, dass es den werdenden Streitschlichtern schwer gefallen ist, eigene Konfliktlösungen zurückzuhalten und stattdessen Suche sowie Aushandlung von Einigungsvorschlägen den Parteien zu überlassen.[245]

In ihrer Funktion als Streitschlichter dürfen die Schüler also gerade nicht nach dem im Alltag geläufigen Schema zur Konfliktbehandlung agieren. Beurteilungen und Meinungen bezüglich der Streitfälle müssen

---

242 Vgl.: Bründel, Heidrun; Amhoff, Birgit; Deister, Christiane: Schlichter-Schulung in der Schule. 1999, S. 154ff u. S. 141ff.

243 Siehe: Katzenbach, Dieter: Das Problem des Fremdverstehens. S. 323f.

244 Schmitt, Annette: Konfliktmediation in der Schule. 2005, S. 52.

245 Vgl.: Haack-Wegner, Renate; Schrör, Cordula: Einführung der Streitschlichtung in einer Schule. 2005, S. 41f.

sie für sich behalten und sollen den Streitenden auch keine Lösungen vorsagen. Dagegen gehört es zu ihrer Rolle, dass sie für den korrekten Ablauf des Verfahrensschemas und für die Einhaltung der Schlichtungsregeln (nicht beleidigen, ausreden lassen, Wahrheit sagen etc.) sorgen. Insbesondre letzteres erfordert aber, dass die Schlichter bei Übertretung der Schlichtungsregeln mit Tadel reagieren, der zwangsläufig von Person zu Person gerichtet ist. Doch nicht nur damit wirken sie erzieherisch, sondern auch, indem sie die Lösung eines Konflikts durch die Nutzung einer Technik unterstützen, daher durch die Vermittlung von Wissen. Aus diesen Gründen ähnelt Erziehung durch Streitschlichter der durch Lehrer. Sie unterscheidet sich jedoch darin, dass Streitschlichter nicht „Strafen" und keine Gerichtsverhandlung abhalten dürfen, Lehrer hingegen urteilen und Maßnahmen anordnen können.[246] Damit die Schülerstreitschlichter nicht tun, was den Lehrern vorbehalten ist, müssen sie mit ihrer Rolle professionell umgehen und sich strikt an dem Schema entlanghangeln statt aus diesem auszubrechen und Streit auf eine andere als die erlernte Weise zu behandeln. Hierin ist die Legitimation dafür zu sehen, dass Erwachsene Schülern Zutritt zu einem Raum im Schulgebäude gewähren, ohne die Streitenden weiter zu beaufsichtigen.

Zusammenfassend ließe sich sagen, dass Unterricht als die widersprüchliche Einheit von Erziehung, Bildung und Didaktik (Gruschka)[247] sich in der Streitschlichtung als Programm zur Selbsterziehung verzerrt wiederfindet: Mithilfe hochstrukturierter, vorgefertigter Konzeptliteratur zur Einführung von Streitschlichtung wurden Schüler von Pädagogen zu Streitschlichtern ausgebildet, damit sie andere Schüler bei der Bearbeitung ihrer Konflikte unterstützen können. In den Fällen, in denen die Streitenden, die die Schlichtung aufsuchen, die Prozedur bereits kennen, gewährleistet der unterstützende Dritte den geregelten Ablauf des Verfahrens. Kennen die Streitenden das Verfahren aber noch nicht, machen Streitschlichter andere Schüler zwangsläufig mit der Sozialtechnik bekannt, auch wenn sie diese nicht bewusst lehren wollen. Hierbei kann das Schlichtungsschema für sich betrachtet mit einem Kochrezept verglichen werden, in welchem der ursprüngliche „Didaktiker in seinem Produkt verschwindet" [248] – wird es befolgt, werden die Streitenden zu

246 Agieren Lehrer hingegen selbst in der Rolle des Streitschlichters, müssen sie die Lehrerrolle als kleinen Richter in der Schule ablegen und sich ebenfalls an den Leitsätzen der Mediation orientieren.

247 Vgl.: Gruschka, Andreas: Auf dem Weg zu einer Theorie des Unterrichtens. 2005, S. 42.

248 Siehe: Gruschka, Andreas: Negative Pädagogik. 2004, S. 278ff.

Verhandelnden befriedet. Streitschlichter erziehen somit mindestens durch Einübung in eine bekannte Routine oder sogar durch Vermittlung von neuem Wissen, darüber hinaus durch Tadel, sobald eine der Schlichtungsregeln verletzt wurde – ähnlich wie Lehrer im Unterricht. Das dritte Element der widersprüchlichen Einheit könnte auch in der Streitschlichtung dort auftauchen, wo die Abarbeitung des Konflikts trotz (oder gerade aufgrund) korrekter Anwendung der Sozialtechnik auf einen Widerstand stößt und die Beteiligten, ob Streiter oder Schlichter, der Irritation nachforschen. An diesen Stellen würde eine Bildungsbewegung in Gang gesetzt:[249]

> „Die Sache [das wäre hier der Streit (sowohl im Allgemeinen als auch in seiner Besonderheit des jeweiligen Falls); R.K.] geht nur dort völlig unter, wo sie als didaktisierte den Schüler ganz und gar auf ein bestimmtes Verhalten festlegt, etwa als sture Übung von irgend etwas und die Schüler das akzeptieren bzw. hinnehmen."[250]

Demzufolge kann sich die Praxis der Streitschlichtung auf sehr unterschiedliche Weisen gestalten. Einerseits drängt das Verfahren dazu stur abzulaufen, eigene Impulse zu unterbinden und in einem Ritual zu erziehen. Andererseits könnte gerade die Strukturiertheit des Verfahrens dazu beitragen, dass Widersprüche, wie der zwischen Sichtweisendarstellung und Wahrheitsfindung, auf Bearbeitung drängen und deshalb bewusst thematisiert werden.[251]

Ob Streitschlichtung nun eher zwanghaft erzieht oder ob durch sie zur Selbstbestimmung führende Bildungsprozesse in Gang gesetzt werden, ob die Schüler (nur) etwas gelernt haben oder zu diesem Gelernten

---

249 Vgl.: Gruschka, Andreas: Auf dem Weg zu einer Theorie des Unterrichtens. 2005, S. 40.

250 Vgl.: S. 38.

251 „Während die Bildung die unveräußerliche, nicht zu delegierende Aufgabe des sich Bildenden ist, verweist Erziehung darauf, daß hier der Mensch zum Objekt einer von außen kommenden Normalisierung wird. Bildung ist aktivisch gedacht, während Erziehung passivisch angelegt ist. Die Ausnahme ist, wenn uns andere helfen, zur Bildung zu gelangen, und wenn wir uns in Selbsterziehung üben. [...] Als gebildet gilt jemand, der möglichst tief in die Welt der geistigen Gegenstände eingedrungen ist. Als wohlerzogen erscheint dagegen jemand, der gute Manieren erworben hat, wie er sich in Gesellschaft zu verhalten hat. Bildung verweist auf die Entfaltung von Autonomie und Subjektivität, in der Erziehung geht es um viel weniger und doch um viel mehr. Erziehung verlangt den Nachvollzug von Verhaltensweisen, der Anspruch der Bildung geht auf Mitvollzug, ja auf Entwicklung der Bildungsgegenstände. Bildung bezieht sich dialektisch auf die Vermittlung von objektiven und subjektiven Momenten durch den Menschen. Erziehung hat dagegen im Kern etwas bloß Heteronomes, Fremdbestimmtes und Zwanghaftes." Gruschka, Andreas: Negative Pädagogik. 2004, S. 239.

reflexive Distanz aufbauen,[252] ob Schüler Konflikte eher vertraglich wegschlichten, sich etwa danach aus dem Weg gehen, anspruchsvolle Problemlösungen erarbeiten oder gar Streithähne zu Freunden werden, bleibt anhand von Fällen zu untersuchen.

Laut Annette Schmitt ist Schülermediation ein „in erster Linie *pädagogischer* Ansatz“:

> „Pädagogische Ziele wie die Förderung von Selbstverantwortung und sozialer Kompetenzen stehen weit mehr im Vordergrund als die einvernehmliche Lösung konkreter Konflikte (die bspw. in der Scheidungs- und Umweltmediation den höheren Stellenwert einnehmen). Auch wird das gewaltpräventive Potential der Schülermediation stärker in der allgemeinen Förderung von Konfliktlösekompetenzen der Schüler sowie einer gewaltfreien Schulkultur gesehen, als in der Deeskalation konkreter Konflikte.“ [253]

Pädagogisch bedeutet hier erzieherisch. Schüler sollen in der Streitschlichtung ebenso wie im Unterricht primär durch Lernen erzogen werden:

> „Die Ziele der Schlichter-Schulung bestehen darin, dass Schülerinnen und Schüler
> - neue Verhaltensweisen lernen
> - Alternativen zum gewohnheitsmäßigen Schlagen entwickeln
> - reflexiver und sensibler im Umgang mit ihren Klassenkameraden umgehen
> - sich in andere hineinversetzen
> - lernen, die Folgen ihres Tuns zu antizipieren
> - lernen, selbstverantwortlich mit ihren Konflikten umzugehen
> - lernen, sich im Anschluss an Streitigkeiten wieder zu vertragen
> - lernen, Lösungen zu finden, die es ihnen gestatten, in Zukunft wieder friedlich miteinander umzugehen
> - lernen, ihre Konflikte selbst zu lösen, ohne die Hilfe Erwachsener.“[254]

Zwei der Forscherteams, die sich Schulmediation näher angesehen haben, sprechen von Schule und Mediation als sich widersprechender Systeme. Haack-Wegner und Schrör polarisieren zwischen der Schule, als „konkurrenzfördernde[m] Kampffeld um gute Noten“, und Mediation, als einem Verfahren, bei dem es auf gegenseitiges Vertrauen und das

252 Vgl.: Ebd. S. 219f: „Bildung war immer reflexiv gedacht. [...] Bildung hat etwas mit Erfahrung, nicht mit Lernen zu tun.“

253 Schmitt, Annette: Konfliktmediation in der Schule. 2005, S. 18f.

254 Bründel, Heidrun; Amhoff, Birgit; Deister, Christiane: Schlichter-Schulung in der Schule. 1999, S. 15.

Offenlegen von Gefühlen ankomme.[255] Behn, Kügler, Lembeck u. a. beschreiben die Systeme deswegen als sich entgegengesetzte, weil sie aus der Sichtweise der Befragten auf unterschiedlichen Prinzipien und Regeln beruhen würden. Bezüglich der Mediation wurden hierbei das „Prinzip der Freiwilligkeit", partnerschaftlicher Umgang sowie „Eigenverantwortung der Konfliktparteien" genannt, im Hinblick auf die Schule „Schulpflicht und situative Handlungsanordnungen" und „fehlende Eigeninitiative von Schüler/innen aufgrund eines durch „Befehl und Anordnung" geprägten Systems".[256] Auch wenn sich verschiedene Formen der Integration von Mediation und Schule in der Praxis zeigen,[257] würde das System Mediation dem der Schule zumeist angepasst;[258] insbesondere weil Lehrer Konflikte an die Schlichtung weiterleiten (siehe Abschnitt III), wodurch Mediation in die Nähe von Sanktion rückt und damit ihren Charakter verändert.

Die von den beiden Forscherteams bezeichneten Gegensätzlichkeiten sind von den verfahrensimmanenten Widersprüchen, die in diesem Kapitel herausgearbeitet wurden, nicht zu trennen. Diese müssen von ihren Nutzern behandelt werden, gerade von den Schülerstreitschlichtern, die in der Praxis deutscher Schulen als Träger einer besonderen Rolle innerhalb der Institution auftreten.

---

255 Vgl.: Haack-Wegner, Renate; Schrör, Cordula: Einführung der Streitschlichtung in einer Schule. Praxisforschung im pädagogischen Feld. 2005, S. 64f.

256 Vgl.: Behn, Sabine; Kügler, Nicolle; Lembeck, Hans-Josef u. a.: Mediation an Schulen. 2006, S. 250.

257 Vgl.: Ebd. S. 239ff.

258 Vgl.: Ebd. S. 178.

Kapitel 3: Fallrekonstruktion von Streitschlichtung

Die empirische Untersuchung von Streitschlichtung in der Schule wird in diesem Kapitel mithilfe der Methode der Objektiven Hermeneutik fortgesetzt.[259] Angewandt wird sie auf verschriftlichte Audioaufzeichnungen von Streitschlichtungen, die in verschiedenen Schulen stattfanden. Damit liegen Protokolle sozialer Praxis vor, anhand denen die Prozesslogik von Streitschlichtung rekonstruiert werden soll.

> „Die Sequenzanalyse ist inzwischen zu einer weitverbreiteten Methode rekonstruktionslogisch verfahrender Untersuchungen geworden. Das gilt insbesondere für solche Studien, die sich für die Prozesslogik von Interaktionen interessieren. Gemeinsam ist diesen Zugriffen augenscheinlich die Überzeugung, dass es möglich ist, durch die aufmerksame sukzessive Auslegung der Bedeutung einzelner Prozesselemente und die Beobachtung der Dynamik der Anschlüsse etwas über die Logik der Interaktion herauszufinden."[260]

(I) Gemäß der Methode wird deshalb erst das Erkenntnisinteresse per Fallbestimmung geklärt und der empirische Zugang beschrieben. (II) Danach werden Sequenzanalysen durchgeführt, um den Strukturen in den Protokollen nachzuspüren und Typen von Schlichtungsverläufen abzuleiten. Zu prüfen wird sein, ob sich eine Fallstrukturgesetzlichkeit für Streitschlichtung feststellen lässt. (III) Abschließend werden die Interpretationsergebnisse vor dem Hintergrund der gesamten Arbeit betrachtet.

---

259 Die Methode wird in dieser Arbeit nicht gesondert referiert. Ihre Anwendung orientiert sich am Text von Andreas Wernet „Einführung in die Interpretationstechnik der Objektiven Hermeneutik" (2006) sowie an den Ausführungen von: Gruschka, Andreas: Auf dem Weg zu einer Theorie des Unterrichtens. 2005, S. 45ff. Und: Oevermann, Ulrich: Die Methode der Fallrekonstruktion in der Grundlagenforschung sowie der klinischen und pädagogischen Praxis. 2000, S. 58ff.

260 Gruschka, Andreas: Auf dem Weg zu einer Theorie des Unterrichtens. 2005, S. 60.

I Erkenntnisinteresse und empirischer Zugang

a) Fallbestimmung

Schlichtung markiert im Wort Streitschlichtung den Verfahrensteil. Streit, als etwas, das sich naturwüchsig aus menschlichen Beziehungen ergibt, wird der Bearbeitung mithilfe einer Technik unterzogen – auf diese Struktur, die sich bereits aus dem Namen des Verfahrens ablesen lässt, hat mich Andreas Gruschka hingewiesen.

Streit geschieht zwischen Menschen und ist grundsätzlich ein unvermeidbarer Teil sozialen Lebens. Obgleich seine Erscheinungen wesentlich mit den gesellschaftlichen Rahmenbedingungen zusammenhängen und von diesen geformt werden, ist Streit in seinem Auftreten nicht planbar. Dort wo er bewusst initiiert und reglementiert wird, trägt er in seiner Bezeichnung einen Zusatz, wie beispielsweise beim Rechts- oder Wettstreit. Streitschlichtung soll Konflikte lösen, damit Streit schlichten und ihn nicht vollkommen ausmerzen. Stattdessen sollen mit Blick auf das Ziel, eine Streitkultur zu etablieren, nur die unerwünschten Austragungsmodi verschwinden. In der von Gruschka genannten Struktur steht Streit als Form der Vergemeinschaftung einer Vergesellschaftungsstrategie gegenüber, die naturwüchsige Interaktion der Steuerung von außen unterzieht. Die Voraussetzung dafür, dass die Technik zugreifen kann, besteht darin, dass jemand in Distanz zu einem Geschehen dieses als bearbeitungsdürftigen Streit wahrnimmt, worauf die Beschaffenheit des Verfahrens und der Kontext Schule maßgeblich einwirken. Im Anschluss an die Selektion setzt eine Behandlung des Anlasses ein, die sich durch weitere Aspekte von der unterscheidet, die im Alltag gewohnheitsgemäß vollzogen würde. Erstens wird sich an einem Schema unter Beachtung bestimmter Regeln abgearbeitet und zweitens sieht das Verfahren die Hinzuziehung eines ausgebildeten Dritten vor, dessen Aufgabe darin besteht, den Vorgang anzuleiten. Er, der Streitschlichter, soll hierbei nicht auf intuitive Problemlösungsmuster zurückgreifen – beispielsweise wie ein guter Freund reagieren, der sich mit der Angelegenheit identifiziert und sagt, was er an Stelle der Streitenden tun würde. Ebenso wenig darf der Streitschlichter als unterstützender Dritter in Anbetracht des Streits darüber urteilen, welcher der Beteiligten mehr oder weniger Schuld an diesem trägt. Im Hinblick auf die Angelegenheit soll der Schlichter neutral bleiben, zugleich aber den sicheren Ablauf des Verfahrens gewährleisten, daher Beleidigungen unterbinden und in Allparteilichkeit Ungleichgewichte zwischen den Parteien – indem er dafür sorgt, dass jeder gleichermaßen zu Wort kommt etc. – ausgleichen. Die besondere Sichtweise auf Streit im Kontext von Schule wurde im ersten Kapitel herausgearbeitet, die Eigenheiten des Verfahrens der Streitschlichtung in der Schule im zweiten: *Das Forschungsinteresse beinhaltet die Klärung der Frage, wie das, was als Streit in der Schule wahrgenommen wurde, mithilfe des Verfahrens behandelt wird.* Die Widersprüchlichkeit zwischen naturwüchsiger und verfahrenstechnisch festgelegter Bearbeitung des Anlasses liegt in besonderer Schärfe in der Rolle des Schülerstreitschlichters vor, der gleichzeitig Schüler unter Schülern und Experte in der Handhabung des Verfahrens sein soll. Aber auch die Streitenden, deren Angelegenheit es zu behandeln gilt, sind mit der Struktur der Streitschlichtung konfrontiert, sodass letztlich alle Beteiligten mit den Widersprüchen, die in den theoretischen Vorüberlegungen aufgezeigt wurden, umgehen *müssen.* Daher wird nicht zu untersuchen sein, ob, sondern *wie* sie mit diesen umgehen. Zur Beantwortung dieser Wie-Frage wird jedoch nicht evaluativ vorgegangen, um beispielsweise die Zufriedenheit der Streitparteien mit dem Verfahren oder die Effektivität von Streitschlichtung zur Reduktion von Gewalttaten zu beurteilen. Stattdessen thematisiert die hier gestellte Wie-Frage den Prozess der Streitschlichtung als Resultat, das durch die Nutzung dieser speziellen Sozialtechnik entsteht.

b) Zugang zum Untersuchungsgegenstand

Als Methode, die mittels Sequenzanalyse die Strukturen von in Protokollen eingefangener sozialer Praxis rekonstruiert, ist die Objektive Hermeneutik in besonderem Maß zur Umsetzung des beschriebenen Forschungsvorhabens geeignet. Um einen passenden empirischen Zugang zu schaffen, wird sie auf Audioaufzeichnungen von Streitschlichtungen angewandt.[261] Denn mit diesen liegen Protokolle vor, die die Praxis der Streitschlichtung als Gespräch zwischen Schlichtern und Streitenden dokumentieren, somit bereits als Abfolge verbalsprachlicher Handlungen dastehen, und im Gegensatz zu den Schlichtungsverträgen den Verlauf von Schlichtungen über deren gesamte zeitliche Dauer abbilden. Ferner werden sie mithilfe einer technischen Apparatur erstellt,

261 Zugänge, die außerhalb der Streitschlichtungssituation mittels verschiedener Befragungstechniken denkbar wären, scheiden aus, weil eben nur im Schlichtungsgespräch die Beteiligten (d.h. Schlichter und Streitende) gleichzeitig mit dem Verfahren hantieren.

weswegen „[…] das Aufgezeichnete die protokollierte Wirklichkeit bezüglich ihrer Bedeutungsstruktur unverzerrt, gewissermaßen »naturgetreu« wiedergibt, so daß Protokollierungshandlung und protokollierte Wirklichkeit nicht miteinander vermengt sind.“[262] Außerdem ermöglicht das Aufnahmegerät, dass der Forscher sich nicht unmittelbar in demselben Raum aufzuhalten braucht, in dem sich das zu untersuchende Geschehen abspielt. Dadurch besteht allgemein die Chance, die durch den Forschungsprozess gegebene Beeinflussung einer sozialen Praxis, die von sich aus keine derartigen Verlaufsprotokolle hinterlässt, gering zu halten, was umsomehr für Streitschlichtung bedeutsam ist, weil sie ihren Klienten Diskretion zusichert.[263]

Im Rahmen der vorliegenden Arbeit wurden Aufnahmen von Streitschlichtungen in verschiedenen Schulen durchgeführt. Die Sitzungen fanden während der Unterrichtszeit, aber stets in gesonderten und eigens dafür eingerichteten Räumlichkeiten statt. Alle protokollierten Schlichtungen waren terminlich vereinbart, sodass der Forscher den Teilnehmenden vor Beginn Anonymität zusichern und sich von ihnen die Zustimmung zur Aufnahme einholen konnte. Während keinem der Mitschnitte war der Forscher im Raum anwesend, sondern hat das Aufnahmegerät im Schlichtungsraum hinterlassen und später wieder abgeholt. Im Anschluss an die Sitzungen wurden die Streitparteien befragt, wie sie zur Schlichtung kamen, und zudem, ob sie und die Schlichter das Kopieren des Vertrags gestatten.

Sechs Mitschnitte konnten in einer integrierten Gesamt- und Ganztagsschule, zwei in einer Förderschule für Lernhilfe und ein weiterer in einem Gymnasium gemacht werden.[264] Zur besseren Handhabbarkeit im

---

262 Oevermann, Ulrich: Die Methode der Fallrekonstruktion in der Grundlagenforschung sowie der klinischen und pädagogischen Praxis. 2000, S. 85.

263 Hiermit bestehen nicht nur gegenüber Beobachtungsprotokollen, sondern auch gegenüber Aufzeichnungen mithilfe einer Videokamera mehrere Vorteile (siehe hierzu auch: Ebd. S. 85f.): Erstens würden bei einer Videoaufzeichnung unweigerlich Informationen verfallen, weil niemals das gesamte audiovisuelle Material versprachlicht werden kann. Zweitens würde hierbei zwangsläufig der Vorgang der Beschreibung in Gang gesetzt, sodass das Material einer gravierenden Formung durch die subjektive Wahrnehmung des Bearbeiters unterliegen würde. Drittens muss an die Besonderheit der Schlichtung gedacht werden, in der nämlich Diskretion gewahrt werden soll, weswegen die zurückgelassene Videokamera von den Beteiligten vermutlich mehr als Beobachter empfunden würde, als ein Mp3-Diktiergerät, in dem dieser sozusagen auf einen kleinen schwarzen Kasten zusammenschrumpft, der keine visuellen Eindrücke einfängt.

264 Die Aufnahmen in der Förderschule wurden freundlicherweise von einem Lehrer durchgeführt.

Hinblick auf das sequenzanalytische Vorgehen wurden die Tonaufnahmen gemäß des Leitfadens von Marion Pollmanns transkribiert.[265]

In sieben Schlichtungstranskripten kommen ältere Schüler als Streitschlichter zum Einsatz, die zu zweit – sozusagen als Schlichterteam – den Streit von jüngeren Schülern behandeln. In zwei weiteren tritt ein Lehrer in der Rolle des Streitschlichters auf.

Die Transkripte mit den dazugehörigen Verträgen können, wie in der Einleitung bereits erwähnt, von der Archivdatenbank (http://archiv.apaek.uni-frankfurt.de/) im pdf-Format abgerufen werden. Sie befinden sich dort unter den Datensatznummern 1452 bis 1460. Anhand der Schlichtungstranskriptnummer und der fortlaufenden Zeilennummerierung können die in den nachfolgenden Sequenzanalysen betrachteten Ausschnitte im jeweiligen Gesamttranskript verortet werden.

Das Protokoll, das als erstes einer näheren Betrachtung unterzogen wird, wurde *erstens* deshalb zum Einstieg ausgewählt, weil es in seinem Umfang überschaubar ist. Auf diese Weise war es möglich, die durch die Sequenzanalyse aufgezeigte Mikrologik mit dem Gesamtverlauf des Geschehens in Verbindung zu setzen, ohne dem Leser direkt in der ersten Analyse große Teile des Originaldokuments vorzuenthalten. *Zweitens*, weil die in ihm protokollierte Schlichtung nicht perfekt im Sinne der Einführungsliteratur verlief, sondern Unstimmigkeiten enthält. Selbst wenn diese als Besonderheiten dieser einen Sitzung angesehen werden müssen, entstanden sie im Kontext der Nutzung der zu untersuchenden Sozialtechnik und lassen deren Konturen deutlicher zum Vorschein kommen als eine makellose Durchführung.

265 Der Leitfaden von Pollmanns wurde in „Gruschka, Andreas: Auf dem Weg zu einer Theorie des Unterrichtens. 2005, S. 53–59." abgedruckt, steht aber auch als pdf-Datei zum freien Download zur Verfügung (zuletzt abgerufen am 11. Juli 2011): http://www.apaek.uni-frankfurt.de/dienste/downloads/studierende/transkription-leitfaden.pdf
Die einzige Neuerung besteht in der Nutzung der Kürzel „Schl_w" bzw. Schl_m" für die weiblichen bzw. männlichen Schülerstreitschlichter und „Soz_w" bzw. „Soz_m" für die Schulsozialarbeiterinnen bzw. Schulsozialarbeiter. In den beiden Transkripten, die die Schlichtung durch einen Lehrer protokollieren, wurde die gewohnte Bezeichnung „Lm" für „Lehrer männlich" benutzt.

II Sequenzanalysen

Schlichtungstranskript Nr. 3

Schl_w1: Ja also ich bin die Schl_w1.
Schl_w2: Ich bin die Schl_w2.
Schl_w1: Und wir sind sind aus der 8c (.) und wir haben gehört, dass ihr einen Streit habt. Also, also sagst du die Regeln?
Schl_w2: {lacht} >{lachend} Nee, ich sag nicht Regeln.<
Schl_w1: >{lachend} Immer muss ich sagen.< OK. Also, hier wird auch nicht beleidigt und müsst immer zuhören und jemanden ausreden lassen (.) und (.) wir sind auch unparteiisch, das heißt, dass wir keinen bevorzugen und kriegt auch keine Strafen. (.) Ja. (.) Wer will anfangen?
(..)
Schl_w2: Ja, keine Kinderfaxen hier!
{Jemand lacht leise.}
{Schl_w2 spricht 5 Wörter leise und unverständlich.}
Sw1: >{leise} Er.<
Sm1: >{leise} Die. (x)< {lacht}
Schl_w2: Ja was, er, die?
Sm1: Ja die!
{Sm1 und Sw1 sprechen 2 Sek. laut und unverständlich.}

Sequenzanalyse[266]

Die erste bedeutungsvolle Einheit, die in **Zeile 1** von Schlichterin 1 ausgesprochen wird, heißt „Ja also". Der sinnvolle Gebrauch des Worts „also" zur Einleitung eines Satzes ist beispielsweise während eines geschäftlichen Treffens denkbar. Hier könnte ein Vorsitzender, nachdem die Beteiligten sich eingefunden haben, äußern: „Also meine Herren, lassen sie uns mit der Sitzung beginnen. Der erste Punkt auf der Tagesordnung usf." Ersetzt werden könnte „also" in dieser Aussage durch „nun": „Nun meine Herren, lassen sie uns beginnen." Auf diese Weise wird zugleich eine Praxis, nämlich die des Eintreffens im Sitzungssaal, beendet und zu einer neuen, etwa der Abhandlung der Tagsordnung, übergeleitet. In dem gerade erfundenen Kontext würde ein Satz, der mit „Ja also" begonnen wird, jedoch eher von einem der an der Sitzung beteiligten Firmenangestellten geäußert: „Ja also wann fängt der denn endlich an? Jetzt sitzen wir hier schon zwanzig Minuten bloß die Stühle warm." Ebenso gängige Fortsetzungen einer Aussage, die mit „Ja also" eröffnet worden ist, wären: „Ja also, das ist ja großartig!"; „Ja also wenn jetzt Hans auch noch absagt, dann gehen wir nicht in die Pizzeria!" Bezüglich der ersten Sequenz kann festgehalten werden, dass „also" einen Umbruch im Handeln ankündigt, der durch das „Ja" an Nachdruck gewinnt. Der Sprecher nimmt die Situation als eine wahr, in der ein Übergang von einer in eine andere Praxis notwendig ist.

Der Satz geht weiter, indem die Schlichterin sich mit ihrem Vornamen vorstellt: „Ich bin die Schl_w1." Von zwei Personen, die sich nicht kennen, aber sich einen Nachmittag lang beim Waschen ihrer Wäsche in einer Wäscherei unterhalten haben, könnte eine, die das Gespräch als angenehm empfunden hat, sich folgendermaßen verabschieden: „Übrigens, ich bin die Annette. Vielleicht sehen wir uns hier ja mal wieder." Kontrastierend dazu würden bei einem Bewerbungsgespräch wegen des formellen Anlasses eher andere Vorstellungsphrasen gewählt, etwa „Mein Name ist Annette Meier." Während in der Formel „ich bin Annette", „ich bin groß", „ich bin alt" der Sprecher sich unmittelbar mit ei-

266 „Forschungsstrategisch ist es besonders aussichtsreich, mit der Interpretation dort anzufangen, wo auch die protokollierte Wirklichkeit eine Interaktion beginnen lässt. Die Rekonstruktion der Eröffnung einer sozialen Praxis verspricht einen lohnenden explikativen Zugang zu eben dieser Praxis. Denn gerade bei der Eröffnung schließt diese Praxis schon viele Optionen aus und konturiert dadurch besonders markant ihre Selektivität und Besonderheit." Wernet, Andreas: Einführung in die Interpretationstechnik der Objektiven Hermeneutik. 2006, S. 61.

ner Kennzeichnung identifiziert, drücken Wendungen wie „mein Name ist“ sowie „ich heiße“ Distanz aus. Letztere ließe sich ausformulieren in „Ich heiße mich Annette“ oder „Ich werde von anderen Annette geheißen“. Auch in „mein Name ist“ wird ausgedrückt, dass Bezeichnetes (Person) und Bezeichnung (Name) nicht zusammenfallen, beziehungsweise nicht als dermaßen miteinander verwachsen empfunden werden, wie das in „ich bin Annette“ der Fall ist.

Für den inneren Kontext von Z. 1 lässt sich jetzt feststellen, dass die Sequenz „Ja also“ durch das folgende „ich bin die Schl_w1“ nicht bruchlos weitergeführt wird. Während der Sprecher mit dem ersten Teil darauf hinweist, dass er gleich seine Haltung und/oder Handlungsweise aufgrund dringlicher Umstände ändern wird, zeigt der zweite Teil den Versuch einer ungezwungen-distanzlosen Annäherung zwischen Personen.

Im Hinblick auf den äußeren Kontext heißt das, dass die Schülerin, die das Verfahren einleitet, sich sozusagen selbst in ihrem Handlungsmodus umschalten muss, will sie nun glaubwürdig als Schlichterin agieren. Hierzu springt sie jedoch direkt in die unmittelbare Distanzlosigkeit zu fremden Personen. Denn wären die Beteiligten bereits gute Bekannte, wäre die namentliche Vorstellung nicht notwendig, würde sogar irritieren. Der weitere Verlauf in **Z. 2** zeigt hingegen, dass die Parteien keine Kommentare einbringen, sondern die zweite Streitschlichterin sich ähnlich der ersten vorstellt. Diese lässt lediglich das „Ja also“ weg, weil die Praxis der Schlichtung bereits von der ersten angestoßen wurde. Während in einem gewöhnlichen Gespräch, nachdem zwei gute Freundinnen sich in der Wäscherei vorgestellt haben, die ihnen Fremden die Vorstellung erwidern oder wenigstens reagieren würden, melden sich die Streitenden in **Z. 3** nicht zu Wort. Statt eines „Ich bin Patrick.“ „Und ich bin Melanie.“ spricht erneut Schlichterin 1: „Und wir sind sind aus der 8c.“ Spätestens an dieser Stelle drängt sich auch ohne das Wissen um den äußeren Kontext die Vermutung auf, dass es sich um ein Gespräch im Zusammenhang mit Schule, wenn auch nicht um Unterricht handelt – denn in diesem würde als eröffnende Sequenz der Guten-Morgen-Gruß des Lehrers an die Klasse oder Ähnliches erwartet. Durch das „Wir“ spricht die erste Schlichterin für beide und teilt mit, dass sie Schülerinnen aus dieser Schule, genauer, aus der Klasse „8c“ sind. Im Vergleich mit der Situation in der Wäscherei kommt dies einer Nennung der Adresse nahe. „Übrigens, wir sind Annette und Annegret. Wir wohnen hier direkt um die Ecke in der Feldstraße 24. Wenn du willst, kannst du uns ja mal besuchen.“ Anders jedoch als bei der Wohnortnennung in der Wäscherei wird durch die Angabe der Klasse auch der Status des Schülers mitgenannt. Die beiden Schlichterinnen sind nicht nur Personen, sondern zudem Schüler. Damit wird auch der Gebrauch der Konjunktion nachvollziehbar, mit der Z. 3 eingeleitet wird. Auf diese Weise klingt der Satz ganz allgemein wie eine Aufzählung bestimmter Eigenschaften von Gegenständen, etwa: „Dieses Regal ist 3 m breit und 40 cm tief.“ Die Listung wird sogar in der nächsten Sequenz in **Z. 3f** fortgesetzt: „Und wir haben gehört, dass ihr einen Streit habt.“ Sofort fällt ins Auge, dass „sie“ etwas „gehört“ haben. Das erinnert an das Gespräch im Dorf, in dem jeder über jeden alles weiß: „Hast du schon gehört, die Annegret liegt seit gestern auf der Intensiv. Sie hatte ...“ Dennoch unterscheidet sich die einleitende Phrase von der aus einer engen Dorfgemeinschaft durch ihren Aussagecharakter – also nicht „Hast du schon gehört?“, sondern „Ich habe etwas gehört.“ – sowie die erneute Verwendung der ersten Person plural. Dadurch rück das „wir haben gehört“ in die Nähe von „uns ist zu Ohren gekommen“. Hierbei zeigt die passivische Formulierung, dass die Kunde zu ihnen gekommen ist, d.h. die Sprecher nicht aktiv nach ihr gesucht haben. Denkbar ist das wiederum entweder in einer engen Gemeinschaft, in der jeder jedem unweigerlich alles mitteilt, oder in einer Behörde, in der Boten Nachrichten zubringen. Wäre letzteres aber der Fall und dem Sprecher bewusst, könnte er die ihm gegebenen Informationen passender mit Wendungen vortragen, wie „Uns wurde mitgeteilt, dass ihr einen Streit habt.“ oder „Wir sind darüber benachrichtig worden, dass ihr euch streitet. Stimmt das?“ In diesem Augenblick hätten die Angesprochenen wieder einen Grund, sich zu Wort zu melden. Wenngleich die Nennung ihrer Namen an dieser Stelle bereits unpassend wäre – weil die Situation schon nicht mehr der einer gewohnheitsgemäßen Bekanntmachung entspricht –, könnten sie immerhin zu dem Sachverhalt, der über sie ausgesagt wurde, Stellung beziehen. Dieser beinhaltet, dass „sie einen Streit haben“. Ausformuliert wird damit behauptet, dass der Streit gegenwärtig vorliegt und dass beide ihn gleichermaßen „haben“, obwohl sie sich momentan anscheinend nicht streiten. „Haben“ trägt in dieser Sequenz nicht die Bedeutung von besitzen, wie beispielsweise in: „Wir haben gehört, dass ihr ein Auto habt.“ Das Haben des Streits kennzeichnet diesen als eine den Personen anhaftende Eigenschaft, vergleichbar dem Haben eines Wunschs oder einer Krankheit. Die Streitenden sagen hierauf jedoch nichts, sodass Schlichterin 1 in **Z. 4f** fortfahren kann. Sie nutzt erneut, und gleich zweifach, die Segmentierungspartikel „also“ und kommt danach auf das Regelwerk des Verfahrens zu sprechen. Ähnlich wie die namentliche Vorstellung der Schlichterinnen wäre die angekündigte Verlautbarung der Regeln nur angebracht, sofern sie den Adressaten noch nicht bekannt sind.

Anhand der Sequenz „wir haben gehört“ sowie in der gesamten durch die Konjunktion „und“ verbundene Reihung von Aussagen wird in Z. 3f eine eigentümliche Mischung von persönlicher Nähe und behördlichem Umgang geschaffen. Denn der Fingerzeig auf die Regeln entbehrt – weil die Sprecherin ihr Aufsagen von sich schieben will – sowohl den rein administrativen Charakter, den beispielsweise ein Polizist bei der Verhaftung eines Täters an den Tag legt, wenn er diesem seine Rechte nennt, als auch so etwas wie einer vorfreudigen Ungeduld auf ein Gesellschaftsspiel, das es durch Regeln zu formalisieren gälte. *In den Zeilen 3 bis 5 wird daher die bereits in Z. 1 aufgezeigte widersprüchliche Struktur – zwischen anscheinend als zwingend empfundenen Umständen und ungezwungen-distanzlosem Kommunikationsgebaren – reproduziert.* Spannend ist hierbei, dass die Schüler, die die Schlichtung besuchen, sich bisher nicht zu Wort gemeldet haben. Die Geschlossenheit des Dialogs zwischen den beiden Schlichterinnen wird nach **Z. 5** fortgesetzt, in der die zweite Schlichterin auf die Nachfrage der ersten „Also, also sagst du die Regeln?“ lachend das Vortragen der Regeln ablehnt. Verwunderlich ist, dass sie sich der Ausführung der Aufgabe spontan und ohne dies zu begründen widersetzt. Im Kontext der Streitschlichtung bedeutet dies die Verweigerung der Mitarbeit, die durch das Lachen und das Ausbleiben einer Erklärung (etwa „Ich habe die Regeln schon in den letzten drei Schlichtungen vorgestellt. Deswegen will ich, dass du das heute übernimmst.“) einen komischen Charakter bekommt: Die zweite Schlichterin führt die erste im Beisein der Streitenden vor und legt damit ein kindliches Verhalten an den Tag, das durch ihren sprachlichen Ausdruck unterstrichen wird: „Nee, ich sag nicht Regeln.“ Statt das Verhalten zu problematisieren oder gar mit einer Zurechtweisung zu reagieren, greift Schlichterin 1 die Haltung Schl_w2’ auf und stellt „lachend“ fest, dass sie „immer“ die Regeln „sagen“ „muss“. Darin zeigt sich ihre Entscheidung, den Verlauf der Schlichtung nicht schon nach den ersten paar Sekunden aus den Bahnen geraten zu lassen. Mit dem „OK“, mit dem sie an ihre lachend vorgebrachte Beschwerde anschließt, gibt sie den Streitenden zu verstehen, dass alles in Ordnung ist, und ruft zugleich sich und die zweite Schlichterin in den Ernst der Situation zurück. Denn würden sie beide weiterhin spaßen und das Aufsagen der Regeln versäumen, würde das die von ihnen angeleitete Veranstaltung zur Lächerlichkeit werden lassen oder gar zum Abbruch der Schlichtung führen. Vom Ausbruch aus der Ernsthaftigkeit kehrt Schlichterin 1 damit durch Selbstdisziplinierung zurück und versucht – erneut angekündigt durch ein „also" – in eine Haltung zu wechseln, die der Bearbeitung des ernsten Themas „Streit" angemessen ist. Sie trägt nun die Regeln vor (**Z. 7–11**): „OK. Also, hier wird auch nicht beleidigt und müsst immer zuhören und jemanden ausreden lassen (.) und (.) wir sind auch unparteiisch, das heißt, dass wir keinen bevorzugen und kriegt auch keine Strafen." Die Leitsätze ließen sich wie folgt auflisten: 1. Hier wird auch nicht beleidigt. 2. Ihr müsst immer zuhören. 3. Ihr müsst jemanden ausreden lassen. 4. Wir sind auch unparteiisch, d.h., dass wir keinen bevorzugen. 5. Ihr kriegt auch keine Strafen. Hierbei fällt die Nutzung des Wortes „auch" ins Auge, das dazu dient Aufzählungen zu strukturieren und Besonderheiten oder Gleichheiten hervorzuheben. In Aufzählungen wird es jedoch frühestens an zweiter Stelle verwandt („Ich habe Äpfel, Birnen und auch Bananen mitgebracht."). Weil Schl_w1 aber schon in ihrer ersten Regel ein „auch" eingebaut hat, hieße das, dass der erste Punkt ihrer Aufzählung in der regelhaft formulierten Beschwerde darüber, dass sie „immer" die Regeln „sagen" müsse, besteht. Zwingender ist jedoch die Lesart der Regeln als ein Vergleich mit anderen Regeln. Denn das von ihr zuerst genannte Gebot, keine Beleidigungen auszusprechen, ist „auch" ein gängiger Grundsatz des wohlsituierten Zusammenlebens, der nicht nur in der Streitschlichtung gilt. Dementgegen setzten sich die beiden folgenden Leitsätze von den in alltäglicher Kommunikation geltenden ab, weil sie Wechselseitigkeit unterbinden. Wer „immer zuhört" kann nämlich nie etwas sagen. Die Regel verbietet damit das gemeinsame Gespräch zugunsten eines Empfangens von Botschaften. Dazu passt die nächste Regel, die besagt, nicht „jeden", sondern „jemanden" ausreden zu lassen. Augenscheinlich gibt es in der Streitschlichtung Personen, die eher zuhören und andere ausreden lassen müssen, und jene, die mehr zu sagen haben. Anders als das allgemein geltende Gebot, andere nicht zu beleidigen, sind ebenso die Regeln vier und fünf solche, die außerhalb alltäglich-privater Situationen stehen. Denn unparteiisch sind Personen nur von Amts wegen, etwa Schiedsrichter im Sport, Richter und Mediatoren, aber auch Lehrer. Sie alle haben einen regulierenden Auftrag, in dessen Rahmen sie einer höheren Ordnung verpflichtet sind und Personen unvoreingenommen behandeln müssen. Während Richter beispielsweise zu Gefängnisstrafen verurteilen, Lehrer Schüler nachsitzen lassen und der Schiri bei einem Foul per Zeigen der roten Karte einen Spieler vom Platz stellt, greifen lediglich Mediatoren nicht zu Strafen. Nur letztere sind demzufolge „auch" unparteiisch und strafen „auch" nicht. Dagegen nähern „immer zuhören" und „jemanden ausreden lassen", verbunden mit dem Anspruch auf Unparteilichkeit, den Umgang mit den Schlichterinnen dem mit rechtsprechenden oder erziehenden Rollenträgern an. Die Verkündung der Regeln wird schließlich von Schlichterin 1 in **Z. 11** mit einem „Ja." beendet, das als Zustimmung auf die sich selbst vergewissernde Frage, ob sie alle Regeln benannt hat, gedeutet werden kann. Danach fährt sie im Programm fort: „Wer will anfangen?" Die Frage ist offenbar an die Streitenden gerichtet. Diese dürften jedoch als Schüler, die den Ablauf der Streitschlichtung noch nicht kennen – weil sonst die gesamte Vorstellung der Regeln in der vorliegenden Form unpassend gewesen wäre – überhaupt nicht wissen, womit einer von ihnen anfangen soll. Sie könnten daher jetzt nach dem genauen Ablauf der Schlichtung fragen, weil dieser nicht offenkundig aus den genannten fünf Regeln zu entnehmen war. Nach einer kurzen Pause spricht hingegen Schlichterin 2 in **Z. 14**: „Ja, keine Kinderfaxen hier!" Dieser Tadel ist anscheinend an die Streitschüler gerichtet, von denen sich bisher keiner zum Anfangen bereit erklärt hat, und wird wohlgemerkt von einer Person geäußert, die bloß wenige Zeilen zuvor selbst kindisches Verhalten an den Tag gelegt hat. Einen Moment später meldet sich zum ersten Mal eine der Streitparteien zu Wort. Es ist Schülerin 1. Sie antwortet in **Z. 17** auf die Frage der ersten Schlichterin, wer anfangen will, mit: „Er." Außerhalb der vorliegenden Zusammenhänge kann das alleinstehende Pronomen allgemein als Antwort auf Fragen genutzt werden, wie beispielsweise: „Wer hat denn noch keinen Nachtisch bekommen?" In diesem Fall würde eine Person mit „Er." für eine andere fürsorgend antworten, die grundsätzlich nicht für sich sprechen kann oder die Frage einfach überhört hat. Kontextgemäß, als Antwort auf die Fragestellung, wer anfangen will, heißt das „er" dagegen, dass „er" anfangen wollen soll. Rückverbunden mit, *erstens,* der oben aufgezeigten eigentümlichen Mischung von persönlicher Nähe und behördlichem Umgang, *zweitens*, der von Schlichterin 1 geäußerten und nicht zu Protest gegangenen Behauptung, dass die Schüler einen Streit haben, sowie, *drittens,* der Ausformulierung der Regeln, die die Schlichtung zwischen Mediation und Erziehung stellt, wird nun verständlich, warum die Nachfrage nach dem Verlauf der Schlichtung seitens der Streitschüler ausgeblieben ist: Denn diese wissen sich im

Kontext Schule und knüpfen intuitiv an Routinen an, die sie aus ähnlichen Situationen bereits kennen. Deshalb agieren sie zunächst in gewohnter Weise, als seien sie sich einer Schuld bewusst und stünden vor einem Erwachsenen, der die Frage nach der Urheberschaft eines Streits gestellt hat – „Er war es!“. Schüler 1 tut es ihr prompt gleich und gibt der Schuldzuweisung sogar noch eine beleidigende Note, indem er sie mithilfe des Pronomens „Die.“ (**Z. 18**) vergegenständlicht. Aus dem Privileg anfangen zu dürfen, damit als erster seine Sichtweise und deren Berechtigung darlegen zu können, wird der Zwang anfangen zu müssen; ferner zu rechtfertigen, dass das Aufsuchen der Streitschlichtung notwendig war. Daher ist auch schwer vorstellbar, dass im Folgenden ein Streit-Anlass geschildert wird, der als gemeinsames Problem beide Parteien zur Konsultation der Streitschlichter bewogen hat.

Auf den Sachverhalt, dass die Schüler sich gegenseitig aufzudiktieren versuchen, wer anfangen soll, sich also streiten, reagieren die Schlichterinnen weder verdutzt – beispielsweise sprachlos oder mit Fragen, warum sie sich denn beide um den Anfang drücken – noch greifen sie zu einer Methode, wie etwa dem Werfen einer Münze, um den Streitenden die Entscheidung abzunehmen. Stattdessen äußert Schlichterin 2 in **Z. 19**: „Ja was, er, die?“ Dabei handelt es sich um eine Kurzform einer beschnittenen Ergänzungsfrage: „Ja was denn nun, entscheidet euch! Er oder sie?“ Anders als die Formulierung „Ja was soll denn das?“, die den Befragten schon mehr rügt denn um eine begründende Auskunft bittet, übt „Ja was, er, die?“ Druck zur Entscheidung zwischen den beiden in der Frage enthaltenen Optionen aus. Die Entscheidung bleibt indes von den beiden Schülern zu fällen, wobei „Ja was, er, die?“ keine Hilfestellung oder deeskalative Strategie darstellt, sondern die Schüler zum Streiten motivieren dürfte – zumal Schlichterin 2 die erniedrigende Verwendung des Pronomens „die“ unangesprochen lässt und sogar übernommen hat. Auf ihre Frage antwortet Sm1 in **Z. 20** mit einer Wiederholung seiner Aufforderung, dass „die“ anfangen soll, woraufhin die beiden Schüler einen Moment lang durcheinander reden (**Z. 21**), sich also streiten. Schließlich beginnt die Schülerin in **Z. 22** nach einem „OK“ wie selbstverständlich damit, von dem Anlass zu berichten, der sie zur Schlichtung geführt hat.

Zugegebenermaßen dokumentieren die analysierten Zeilen 1–22 nur einen Bruchteil des 370 Zeilen umfassenden Transkripts. Weil ein bestimmtes Muster jedoch bereits mehrfach in den Sprechhandlungen der Schlichterinnen aufgetaucht ist, die Streitschüler dieses bislang nicht gesprengt, sondern mit ihren ersten Äußerungen bestätigend ergänzt haben, wird an dieser Stelle die erste Struktur*hypothese* formuliert:

In Schlichtungstranskript Nr. 3 ergibt sich aus der Handhabung der Sozialtechnik ein Umgang in gezwungener Privatheit. Weil die Schlichter keine transparente Darstellung des Verfahrens vornehmen, erliegen sie selbst dem Druck des Verlaufsschemas, das sie abarbeiten sollen. Daher leiten sie die Streitenden nicht nur an, sondern wirken disziplinierend auf diese und sich selbst. In der Dynamik des Geschehens greifen Streitende sowie Schlichter auf eingeschliffene Umgangs- und Bearbeitungsmuster zurück, sodass diese sich hinter dem geplanten Schlichtungsverlauf durchsetzen.

Diese erste Hypothese muss am weiteren Verlauf des Transkripts geprüft und ausdifferenziert werden. Zu diesem Zweck wird allerdings auf die gröbere Form der „Kurzüberprüfung"[267] zurückgegriffen, die mit der genannten Hypothese operierend einen schnelleren Durchgang durch das Protokoll erlaubt.

---

267 „Unter Rückgriff auf die in extensiver Feinanalyse gewonnene Fallstrukturhypothese kann nun die Interpretation [...] gestrafft werden. [...] Die weitere Textinterpretation wird immer auf der Folie erfolgen: Bestätigt sich die Fallstrukturhypothese und kann sie präzisiert werden oder widersetzt sich der Text der bisher gewonnenen Sicht?" Wernet, Andreas: Einführung in die Interpretationstechnik der Objektiven Hermeneutik. 2006, S. 80.

Sw1: OK, ähm, (.) am Freitag wollten wir in die Turnhalle gehen =

Sm1: = Wir haben Donnerstag Sport.

Schl_w1: [Lass sie erstmal ausreden!]

Sw1: [Nein! Wir wollten doch] am Freitag dies-e Ding, Projekttag machen mit Zelt. Ähm, wie das heißt, in die Sporthalle gegangen und er hat mich die ganze Zeit {nennt ihren zweiten Vornamen} genannt (.) und [das wollte ich nicht.]

Schl_w2: [Was heißt das?]

Sw1: Das ist [mein zweiter]

Sm1: [Ihr Name.]

Sw1: Name. Äh, das wollte ich nicht, das sag ich andauernd, dann hat er mich ganze Zeit genervt, hab ich von Lehrerin Ärger bekommen, hab ich dann geweint. (.) Ja.

Schl_w1: Also jetzt sag's mal mit deinen, also deinen =

Sm1: = Also wir waren oben, da wo wir runter gehen wollten, die hat ihr Ding da, (.) ähm (.) ihr >{lachen} Schuh<, Sportschuh, wirft mir, die wirft's die ganze Zeit auf mich e. Auf einmal ist's auf mein Kopf gefallen, hab ich ihr, hab ich sie geschlagen und dann hat's waren wir unten hab ich die so abgefuckt die ganze Zeit und (danach) hat (x x) geheult.

Schl_w1: Hast du danach, ähm (.) [{ca. 3 Wörter unverständlich}]

Sw1: [{ca. 3 Wörter unverständlich}] bevor (die) von der Klasse [raus sind.]

Sm1: [Ja! Die ganze] Zeit. (..) Das macht Bock.

Sw1: {lacht}

Schl_w1: Also wie fühlst du dich immer, wenn er, wenn er dich ganze Zeit mit dem zweiten Namen anspricht?

Sw1: Geärgert.

Schl_w1: Geärgert?

Sw1: Jap.

Kurz nachdem Schülerin 1 mit ihrer Sichtweisendarstellung begonnen hat, fällt ihr Sm1 ins Wort (**Z. 24**), woraufhin die erste Schlichterin disziplinierend eingreift (**Z. 25**). Insgesamt beschreibt Sw1 in wenigen Sätzen, dass Sm1 sie während eines Projekttages „die ganze Zeit" (**Z. 28f** u. **Z. 35f**) bei ihrem zweiten Vornamen nannte, dass sie das prinzipiell nicht mag und sich „genervt" fühlte (**Z. 34–37**). Irritierend ist jedoch ihr Schlusssatz, dass sie von der „Lehrerin Ärger bekommen" und „dann geweint" habe. Statt Unklarheiten gezielt mit Nachfragen aufzulösen – was die Lehrerin gesagt und wie Sw1' genervte Reaktion ausgesehen hat –, fordert Schlichterin 1 sogleich den Schüler auf, seine Sicht der Dinge vorzutragen. Entsprechend der gerade aufgestellten Fallstrukturhypothese beginnt dieser mit seiner Erzählung noch bevor die Schlichterin die Anweisung fertig ausgesprochen hat. Der Schüler bezieht sich ebenfalls auf die Situation am Projekttag, berichtet allerdings, dass Sw1 ihn mit ihren Sportschuhen beworfen hat. Daraufhin habe er sie geschlagen und „dann" „abgefuckt", womit gemeint sein könnte, dass er sie „die ganze Zeit" bei ihrem zweiten Vornamen gerufen hat (**Z. 44f**). „Danach" habe sie „geheult". Auch auf diese Sichtweisendarstellung hin werden keine weiteren Nachfragen zum Ablauf der Situation gestellt. Stattdessen wird nach Äußerungen, die auf der Audioaufnahme nur fragmentarisch zu hören sind, zum nächsten Punkt im Ablaufschema gesprungen, der die Bewusstmachung der Gefühle vorsieht (**Z. 53**). Bezeichnend ist, dass Schl_w1 sich in ihrer Frage an das Mädchen auf den Sachverhalt bezieht, der Sw1 nach eigener Aussage „genervt" hat, obwohl der Junge in seiner Erzählung angab, dass er sie geschlagen hat. Gleichfalls unbeachtet bleibt, dass die Schülerin den Schüler möglicherweise zuerst und absichtlich mit ihren Sportschuhen beworfen hat. Damit wird durch die scheinbar neutrale Gesprächsführung der Schlichterin – selbst wenn keine direkte Verurteilung erfolgt, sondern bloß nach einem Gefühl gefragt wird – vorschnell ein Sachverhalt unter anderen fixiert, der den Schüler als Missetäter dastehen lässt. Die Schülerin antwortet in **Z. 55** mit einem Einwortsatz, „Geärgert.", den Schlichterin 1 (in **Z. 56**) fragend zurückspiegelt. Hierauf reagiert Sw1 wie auf eine Entscheidungsfrage, indem sie ihre knappe Gefühlsbenennung mit „Jap." (**Z. 57**) bestätigt.

(..)
Schl_wl: Kannst du es irgendwie nachvollziehen?
Sml: Nein.
Schl_wl: Wirklich nicht?
Sml: Nein.
Schl_wl: Ich meine, wenn du in der Situation wärst und
[sie]
Sml: [>{lachend} Ich] würde die kaputt hauen.<
Schl_wl: Na also, also du wirst dich auch irg geärgert
[fühlen, oder?]
Sml: [Nein. (.)] Ganz ehrlich nicht, nein. Ich hab ja
kein zweiter Name.
Schl_wl: Also wenn du hättest.
Swl: Wenn [du ich wärst!]
Sml: [Ja, aber ich] hab ja nicht!
Swl: >{laut} Wenn du ich [wärst!]
Schl_w2: [Nein, wenn] wenn (es) jetzt so =
Sml: = Ja, *i-h*! {lacht}
Schl_wl: Also, stell dir mal vor du wärst sie und ähm (.)
Sml: Ich [k]
Schl_wl: [(der)] nervt dich ganze Zeit
[{ca. 2 Wörter unverständlich}]
Sml: [>{laut} Ich kann<] mir so was nicht
>{lachend} vorstellen<, (.) die zu sein, wäh!

Statt weiter zur eingehenderen Schilderung ihres Erlebnisses zu motivieren, richtet sich die Schlichterin 1 nun an den Jungen und prüft mit der Frage, ob er „nachvollziehen kann“ (**Z. 58**), dass sie sich „geärgert“ gefühlt hat, seine Empathiefähigkeit. Sm1 verneint dies prompt, beschreibt aber in **Z. 65** hypothetisch sein Verhalten, wäre er in der Situation des Mädchens, und macht mit Bekundungen von Ekel in **Z. 75** und **Z. 81** seinen Widerwillen deutlich, sich mit Sw1 gleichzusetzen. Hierdurch zeigt der Junge, dass er sich sogar sehr gut in sie einfühlen *kann*, aber sich trotzdem nicht mit ihr identifizieren *will*. Dafür, dass kein Mangel an Geschick und Einfühlungsvermögen seitens Sm1 vorliegt, spricht schon die Nutzung des zweiten Vornamens anstelle plumper Schimpfwörter oder gar offensichtlicher Abfälligkeiten, um das Mädchen zu ärgern. Gleichwohl interpretieren die Schlichterinnen und Sw1 die nüchterne Feststellung des Jungen (in **Z. 68f**), dass er keinen zweiten Vor-

Schl_w1: Ach so. (..)
Ähm, machen wir einfach so, ähm, (..) du versuchst
wenigstens (.)
Sm1: Ich?
Schl_w1: Äh, [ja.]
Schl_w2: [Ja, du!]
Schl_w1: Versuchen, ja? Ähm [( )]
Schl_w2: [Kannst du auch mal] aufpassen?
[( )]
Sm1: [>{laut, schnell und unverständlich} ( ) (beleidig
ich ihn auch) (x x)<]
Schl_w1: Ja, versuch aber [( ) nicht zu beleidigen.]
Schl_w2: [Ja, aber (du kannst wenigstens)
aufpassen,] {ca. 4 Wörter unverständlich}
Sm1: Ja, das brauch ich. >{leise} Ich muss mir alles
merken.<
{Kichern}
Schl_w1: Wir versuchen einfach dich so, ähm die ganze Zeit zu
dizzen, versuchen wenigstens, ja? Und
[du versuchst (jetzt hier mal) beleidigt zu sein.]
{06:03}
Sm1: [Das ist ( )]
Das, das ist was anderes [als ( )]
Schl_w1: [Ihr dizzt sie] doch
auch, oder?
Sm1: Hö?
Schl_w1: Ihr dizzt sie doch auch, oder?
Sw1: >{lachend} J-a.<
Schl_w1: Na also!
Sm1: Aber das ist was anderes.
Schl_w1: Also auch den, ähm, auch nicht die ganze Zeit den
zweiten Namen erwähnen und so?
Sm1: Ja, >{leise} (OK).<

In **Z. 197f** versucht Schl_w1 die gefundenen Lösungen zusammenzutragen, wird aber von Sm1 durch eine Nachfrage „Ich?“ (**Z. 199**) unterbrochen. Hierauf reden der Schüler und die beiden Schlichterinnen einen Moment durcheinander, wobei Schl_w2 den Jungen mehrfach zum Aufpassen ermahnt (**Z. 203** u. **208f**). Daraufhin macht Schlichterin 1 in **Z. 213** einen bemerkenswerten Vorschlag: „Wir versuchen einfach dich so, ähm die ganze Zeit zu dizzen, versuchen wenigstens, ja? Und du versuchst jetzt hier mal beleidigt zu sein.“ „Dizzen“ stammt von dem englischen „to dis“ ab und kann mit „beleidigen“ und „herabsetzen“ übersetzt werden. Die Schlichterinnen „versuchen“, d.h., dass es nicht gelingen muss, Sm1 „die ganze Zeit“ zu beleidigen und dieser soll „jetzt hier mal“, also nur in diesem Augenblick, an diesem Ort, einmal, selbst dazu beitragen, beleidigt zu sein. Schlichterin 1 schlägt damit eine gemeinsame Anstrengung der Schlichterinnen und des Schülers vor, um diesem eine Kostprobe des Leids zukommen zu lassen, das aus Beleidigung erwachsen kann – das Vorhaben steht zwischen Experiment, Übung und Strafe. Schl_w1 ist anscheinend immer noch der Auffassung, dass der Empathiefähigkeit von Sm1 auf die Sprünge geholfen werden muss, damit dieser künftig aufhört, Sw1 zu beleidigen. In diesem Sinne wäre das Unterfangen als Übung zur Steigerung des Einfühlungsvermögens zu verstehen. Wird die Beleidigung als Kränkung und Verletzung des Selbstwertgefühls aber ernst genommen, kann sie nicht simuliert werden und hat demnach, wenn sie treffend ausgeführt wird, den Schmerz des Beleidigten zur Folge. Dass die Schlichterinnen es aber „versuchen“, heißt, dass sie sich selbst nicht die Fähigkeit zuschreiben, wirkungssicher zu beleidigen. Deswegen weisen sie den Schüler an, beleidigt zu „sein“. D.h. er soll nicht sich selbst beleidigen, also selbst peinigen, sondern er soll sich beleidigt stellen, sozusagen mitspielen, auch wenn die Schlichterinnen sich als im „dizzen“ Unfähige herausstellen. Ferner widersprechen sich die Zeitangaben in dieser Konstruktion, „die ganze Zeit“ und „jetzt hier mal“. Gedeutet werden können die Unstimmigkeiten folgendermaßen: Der Ausdruck „die ganze Zeit“ wird erstmals von Sw1 (in **Z. 28f**) in ihrer Sichtweisendarstellung des Streits gebraucht. Wenig später wird die Nennung beim zweiten Vornamen als Beleidigung identifiziert, die nicht nur von Sm1, sondern auch seinen Freunden genutzt wird. Dieses als unfair empfundene Verhältnis wollen die Streitschlichterinnen nun umkehren, indem sie sich „die ganze Zeit“ auf die Seite von Sw1 schlagen, gleichsam als ihre mitstreitenden Freundinnen agieren, um Sm1 seine Provokationen zurückzuzahlen. Weil sie aber mit

Sw1 tatsächlich nicht näher bekannt sind, ihr zunächst nur in der Schlichtung beistehen können und außerdem die bisherigen Empathieübungen Sm1 nicht zum Nachgeben bewogen haben, beschränkt Schl_w1 die Dauer, in der Sm1 beleidigt sein soll, mit „jetzt hier mal" auf die aktuelle, bisher unergiebige Situation der Schlichtung. Dieser spürt die Unstimmigkeit dieses Vorhabens, nimmt aber entgegen aller Zweifel ebenso die Bedrohung ernst. So wendet er erst ein, dass es „was anderes"– etwa Ausdruck spaßhaften gegenseitigen Ärgerns unter Jungen und Mädchen – ist, wenn er und seine Freunde sie bei ihrem zweiten Vornamen rufen, gibt jedoch einen Augenblick später klein bei, indem er zustimmt, Sw1 nicht mehr „die ganze Zeit" bei ihrem zweiten Namen zu nennen (**Z. 228**). Daraufhin wird der Streit nicht mehr weiter inhaltlich thematisiert, sondern scheint mit den beiden gefundenen Lösungen einstweilen beendet. Nachfolgend wird der Vertrag aufgesetzt und von beiden Parteien signiert, wobei es zu diesem Abschluss der Schlichtung kommt:

Sm1: Wohin?
Schl_w1. [Unterschrift]
Schl_w2: [Bei A.]
Schl_w1: Unterschrift A.
Sw1: Warum *ich* Unterschrift B?
Schl_w1: [Keine Ahnung, (einfach nur so).]
Schl_w2: [(x) (.) weil du] B bist.
Sw1: Wie B?
Schl_w?: [( )]
Sm1: [(Bei)] Behinderte!
(10 Sek.)
{Schl_w2, Schl_w1 und Sw1 sprechen 3 Sek. leise und unverständlich; nebenbei Papiergeraschel.}
Schl_w2: Das Gelbe weg. {Papiergeraschel}
{Schl_w2 spricht ca. 5 Wörter leise und unverständlich.}
{Lachen, Schritte}
?: Scheiße!
{4 Sek. Lachen}
Sw1: Ist fertig?
Schl_w2: Ja, ist fertig.
Sw1: Können wir jetzt gehen?
Schl_w2: M-h, überlegen, ja, ihr könnt.
Schl_w1: Ja.
{10 Sek. Schritte, Möbel werden gerückt}
Schl_w2: Ja.
?: Tschüss machs gut (x x).

Zusammenfassung des Schlichtungsverlaufs

Bereits nach wenigen Zeilen lässt sich in der Eröffnung der Sitzung durch die Schlichterinnen ein unklares Verhältnis von persönlicher Nähe und funktionalem Umgang nachweisen. Sie setzen nicht nur die Streitenden, sondern auch sich selbst unter Druck, geben jedoch durch die Nennung der Regeln sowie Handlungsanweisungen zu erkennen, dass sie von einem Plan geleitet werden. Weil Schlichterin 1 die Regeln auf bestimmte Weise formuliert und das Verlaufsschema nicht im Voraus erklärt, begünstigt sie, dass sich das alltägliche Bearbeitungsmuster von Streit als Bestimmung und Missbilligung von Fehlverhalten durchsetzt. Die Streitenden handeln dazu komplementär, als seien sie sich einer Schuld bewusst und müssten sich nun vor einer urteilenden Instanz rechtfertigen – was sie auch in der Darstellung ihrer Sichtweisen tun. Diesen Impuls greifen die Schlichterinnen wiederum auf. Denn obwohl sie sich an den vorgegebenen Ablaufplan halten, fixieren sie vorschnell, d.h. ohne sachliche Ausdifferenzierung des Anlasses, ein Vergehen und bezeichnen dadurch einen Täter, den sie im weiteren Geschehen mit Empathieübungen behandeln. Weil der Beschuldigte jedoch zu erkennen gibt, dass er zwar zur Einfühlung fähig ist, sein Benehmen aber für nicht schlimm erachtet (**Z. 136**) und deshalb nicht ändern will, geraten die Schlichterinnen in eine Krise. Sie schlagen sich hypothetisch als Mitstreiterinnen auf die Seite des durch den Jungen und seine Freunde „geärgerten" Mädchens. Selbst wenn hierbei die Gebrochenheit der Interaktion zwischen freundschaftlich-persönlicher Nähe und durch die Rolle sowie Fremdheit bedingte Distanz bestehen bleibt, klinken sich die Schlichterinnen für einen Moment unmittelbar in den Streit ein. Das von Sm1 auf diese Weise abgenötige Zugeständnis, Sw1 nicht mehr zu beleidigen, wird zusammen mit der Forderung an Sw1, dass sie nicht mehr beleidigt sein soll, schriftlich festgehalten und mit den Unterschriften der beiden Streitparteien kontraktiert. Dass mit der Signatur des Vertrags nicht nur die Sitzung, sondern auch der Beistand der Schlichterinnen als Mitstreitende der Schülerin endet, kann daran abgelesen werden, dass der Junge das Mädchen in **Z. 354** offenkundig beleidigt, aber die Streitschlichterinnen darauf nicht eingehen. Diese haben nämlich mit dem Fall bereits abgeschlossen und werden sich nur erneut mit ihm beschäftigen, sofern die Streitschüler „wieder kommen", „wenn Vereinbarung nicht eingehalten wird". Entsprechend der Formulierung im Vertrag, dass Sm1 „versuchen" sollte sie nicht zu beleidigen, d.h.

dass seinerseits die Nichteinhaltung schon antizipiert wurde, bleibt das Mädchen auf sich gestellt.

So liegt es künftig an ihr, Beleidigungen zu ertragen oder gemäß dem Rat von Schlichterin 1 „so wie er es tun würd“ (**Z. 185**) sich den Gepflogenheiten des Streitens anzupassen und wirkungsvoll zurück zu beleidigen.

Schlichtungsvertrag

Streitpartei A: Sm1

Streitpartei B: Sw1

Weitere Streitparteien: /

Schlichtungsgespräch am: 17.11.08

Vereinbarung/Lösung:

Sw1 sollte nicht beleidigt sein und Sm1 sollte versuchen nicht sie zu beleidigen

Was tun, wenn Vereinbarung nicht eingehalten wird:

wieder kommen

Unterschrift A: Sm1

Unterschrift B: Sw1

Weitere Unterschriften: /

Die oben aufgestellte Fallstrukturhypothese erweist sich vor dem Hintergrund des weiteren Geschehens in der Sitzung als ungenau. Deshalb wird sie nachfolgend aufgegriffen, angepasst und zu einem ersten Typ eines Schlichtungsverlaufs verallgemeinert.

Weil das Verfahren Schritt für Schritt abgehandelt werden soll, installiert es in der Situation „Streitschlichtung" grundsätzlich Druck, dem die Schlichterinnen in dieser Sitzung allerdings erlagen. Selbst wenn den Schülern das Schema unbekannt war, spürten sie durch die Anweisungen der Schlichterinnen, dass das Geschehen nach einem Plan ablief. Durch diese Strukturiertheit konnte sich sozusagen hinter dem Rücken der Akteure die oben nachgezeichnete Dynamik eines gängigen Bearbeitungsmusters von Streit durchsetzen. An den Stellen, an denen Zeit vonnöten gewesen wäre – um durch Beschreibung des Verfahrens während der Eröffnungsphase dieses von einer Schelte durch den Lehrer abzugrenzen und während der Sichtweisendarstellung ausreichend klärende Nachfragen zu formulieren – mag das Schema zu Oberflächlichkeit gedrängt haben. Gleichwohl sprangen die Schlichterinnen intuitiv zum nächsten Schritt, wenn Aussagen auftauchten, deren Bearbeitung notwendig gewesen wäre, aber nicht ohne klare Stellungnahme erfolgen konnte. Sie nutzten damit das Verfahren als Möglichkeit, um schwierige Situationen unbearbeitet zurücklassen zu können, etwa als Sm1 von sich gab, dass Sw1 ihm „nicht wichtig" sei (**Z. 117f.**). Dazu passend kann gerade diese Äußerung des Jungen als Abwehr gegen das als unfair empfundene Verfahren interpretiert werden, die jedoch in Form einer Überreaktion der unangemessenen Beschuldigung nachträglich in die Hände spielte. Weil der Anlass nicht ausreichend durchleuchtet wurde, bleibt fragwürdig, ob es tatsächlich ein einseitiges, klar fixierbares Vergehen gab. Plausibler ist es anzunehmen, dass zwischen den Mädchen und den Jungen (siehe **Z. 109f** u. **Z. 121f**) wechselseitig mit den erwähnten Mitteln gestritten wurde. Dies empfand die Lehrerin auf dem Weg der Klasse zur Sporthalle als störend, sodass Sw1 von ihr „Ärger bekommen" und geweint (**Z. 36f**) hat. Schließlich entschloss die Lehrkraft sich, die Angelegenheit nicht sofort und selbst zu behandeln, sondern die Schülerin zusammen mit einem weiteren Schüler zur Streitschlichtung zu schicken (siehe „zusätzliche Informationen" zu Transkript Nr. 3, S. 12). Aus der Perspektive der Schüler machten die Streitschlichterinnen an der Stelle weiter, an der die Lehrerin innegehalten und diese zur Schlichtung überwiesen hat. Sie erwarteten daher negative Sanktionen. In der Diffusität und Hektik zu Beginn der Sitzung vermochte die Sichtweisendarstellung des Mädchens, dass die Schlichterinnen sich mit diesem identifizierten und ihre Version des Geschehens geradewegs als berechtigten Antrag, nicht mehr beleidigt zu werden, aufnahmen. Hierdurch geriet das Verfahren in eine Schieflage, derzufolge die Aussagen des Jungen entsprechend wenig Gehör fanden – sowohl seine Situationsbeschreibung, gemäß der Sw1 ihn mit Schuhen beworfen, als auch die provokative Bemerkung, dass er sie geschlagen habe. Der Schüler gab sich deshalb herausfordernd und spielte bei der Schlichtung, insbesondere der Empathieübung, nicht zur Zufriedenheit der Schlichterinnen mit, weswegen diese sich letztlich persönlich angegriffen fühlten und den Jungen zurück zu beleidigen „versuch[t]en" (**Z. 213ff**). Dass die Schlichterinnen indes die Angelegenheit zwischen den Streitenden, gerade den Sachverhalt der Beleidigung, nicht ernst nahmen, stellt sich an der „Vereinbarung" unter Beweis. Denn hier wurde gemäß der Maxime der Streitschlichtung, „dass beide Parteien Anteil an dem Streit haben", die bis dahin erfolgte Beschuldigung des Schülers eingestampft und es dem Mädchen zum Vorwurf gemacht, dass diese sich hat beleidigen lassen. Der Vertragsabschluss als Zeichen für die erfolgreiche Abwicklung des Verfahrens wird durch derartige Indifferenz gegen den Anlass zweifelhaft. Als es gegen Ende der Sitzung zu einer unüberhörbaren Beleidigung des Mädchens durch den Jungen kam, griffen die Schlichterinnen, die noch einen Augenblick zuvor gerade dieses Fehlverhalten thematisiert hatten, nicht mehr ein. Was das Mädchen schon nach der Hälfte der Sitzung ausgesprochen hatte und von allen Beteiligten bestätigt wurde, nämlich dass es an ihr selbst liegen wird, sich einfach nicht mehr beleidigen zu lassen (**Z. 179ff**), wurde im Vertrag verschriftlicht und konnte nun von ihr erstmals erprobt werden. Letztlich muss sie Provokationen in Zukunft ignorieren oder lernen, gegen derartige Übergriffe anzukämpfen und sich so zum selbstständigen Streiten befähigen. Erschiene sie in dieser Angelegenheit wieder bei den Streitschlichtern, zeigte dies schon vorab, dass sie ihr Lernziel noch nicht erreicht hat. Wegen der Schieflage gegen den Jungen und weil das Mädchen abschließend unbeirrt beleidigt werden kann, gehen beide als Verlierer aus der Situation.

Schlichtungstyp 1: Verlagerung von Streit

Die Schlichter schlichten trotz Beachtung des Ablaufschemas an dem Anlass vorbei, indem sie diesen nicht aufarbeiten, sondern Fehlverhalten einer Partei fixieren und behandeln. Daraus ergeben sich Spannungen zwischen Anlass und Verfahren, die von den Schlichtern als Bestätigung für die Existenz eines Streits wahrgenommen werden, hauptsächlich jedoch aus Abwehr gegen die mangelhaft angewandte Sozialtechnik entstehen. Die Schlichterinnen fühlen sich indes persönlich angegriffen und setzen mit Nachdruck die Abarbeitung am Schema durch. Sie belehren damit durch die Ambivalenz ihrer Position als Person und Vertreter des Verfahrens die Streitenden darüber, dass Störungen des Schemas zugleich persönliche Angriffe auf jene mit sich bringen, die mit diesem arbeiten. Die Botschaft, die Streitschlichtung diesen Typs unterschwellig vermittelt, lautet: „Macht was ihr wollt, aber stört den Betrieb nicht.“

Die aus der Analyse von Transkript Nr. 3 gewonnenen Strukturen werden als Folie zur kontrastiven Untersuchung weiterer Protokolle herangezogen. Dadurch wird eine gezieltere und zügigere Betrachtung der Texte möglich. Im Hintergrund stehen folgende Fragen: 1. Mit welcher Haltung treten die Schlichter an die Schüler heran und wie reagieren die Schüler? 2. Auf welche Weise wird der Streitanlass behandelt und was wird als solcher behandelt? 3. Wie gestaltet sich die Lösungsgenerierung im Hinblick auf den Anlass?

Als Schlichtungsgespräch, das sich in diesen Punkten von Nr. 3 unterscheidet, wurde für den nächsten Schritt Transkript Nr. 9 ausgewählt.

Schlichtungstranskript Nr. 9

Schl_w1: So, am Anfang bräucht ich mo euer ganze Name.
Sm1: Ich bin de {nennt Vor- und Nachname} aus de siewwe Dora, „d".
Schl_w1: {nennt fragend den Nachnamen von Sm1}
Sm1: {nennt seinen Nachnamen und buchstabiert ihn anschließend}
(..)
Schl_w1: Sieben „a"?
Sm1: „d"!
Schl_w1: „d" gudd! (.) „d" is immer gudd, „d" is wirklich gudd. {Schl_w2 lacht.} Un du?
Sm2: {nennt seinen Vor- und Nachnamen und buchstabiert den Vornamen}
Schl_w1: {nennt fragend den Nachnamen von Sm2} Nee, >{leise} ich hann's (jetzt) nedd {1 Wort unverständlich}.<
Sm2: {buchstabiert seinen Nachnamen} (.) Auch aus der sieben „d".
(..)
Schl_w1: OK. Also ich heiße Schl_w1 und das ist die Schl_w2 (.) und wir sind heut eure Streitschlichter. (.) So, am Anfang wolle mer euch erschtmol e Lob ausspreche, dass ner überhaupt gekomme sin, weil das f-f is schon mutig von euch, dass ner gekomme sin. U-n dann gehn mir jetzt erschtmol die gemeinsame Regeln durch (.) un wenn dann nachher noch Fragen sin, dann könne ner ruhig fragen, also (.) OK. (.) Als erschtes mo is das hier keine Gerichtsverhandlung, wie ihr seht, also ich hann jetzt hier kein Stock un sahn, no Artikel drei bischt du jetzt hier zu drei Jahren >{lachend} Gefängnis verurteilt< un (.) mir sin halt neutral. Mir ergreife von kenem von euch Partei un (.) jo. {Schl_w1 und Schl_w2 lachen.} Wir wolle halt versuche, gemeinsam e Lösung zu finne, also nedd, dass noher du sahschd, du, eigentlich bin ich gar nedd do demet zufrieden un ich bin das, hann das jetzt nur gemacht, weil (.) die Streitschlichter das gesagt haben oder so (.) un mir sahn das ach nedd irgendwelche Lehrer oder so.
Sm?: Hmhm.
Schl_w1: Mir gehn jetzt nedd bei der Lm1 und sahn >{flüsternd}

Lml, wat ich do gehehrt hann!< (ca. 2 Wörter unverständlich)
Schl_w2: Also alles was (.) hier drin is, bleibt ach hier drin.
Sm?: Mh.
Schl_w1: Jo, un dann möchte ma euch bitte, wenn ner halt denen Streit vortran, dass ner euch ausreden lasse (.) un dass kener denen annere >(lachend) bedroht oder so.< =
Schl_w2: = Oder beleidigt!
Schl_w1: Ja. (..) Gudd! Hann ner noch irgendwelche Froe?
Sm1: Wie lang dauert das jetzt eigentlich? Das is aber nur heut, oder?
Schl_w2: [Als-o]
Sm1: [Je (no dem)], wie's ausgeht?
Schl_w2: Wenn, jo genau! Wenn ma also, ich denke, mir finne of jeden Fall e Lösung (.) un >(schnell) dann hann mer in zwei Woche odder so vielleicht nommo e Nachtreffe un dann bespreche mer's wie's eu wie's euch in der Zeit ergang es< (.) un jo.
Sm1: >(leise) Alles klar.<
(..)
Schl_w1: OK, wer möchte anfangen?
Sm1: Ich!
Sm2: Jo, wejen mir.
Schl_w1: OK.

Direkt zu Beginn werden von den Schlichterinnen die Namen der Streitschüler erfragt und sogleich notiert, wodurch die Situation einen förmlichen Charakter bekommt. Offensichtliche Spuren persönlicher Nähe sind hingegen in den Belobigungen in **Z. 11** und **Z. 21–24** zu erkennen. Im Vergleich zu der in Transkript Nr. 3 protokollierten Eröffnung wirkt die vorliegende Darstellung der Situation durch die Schlichterinnen deutlich klarer und das Geschehen entspannter. Das hängt sowohl an der einleitenden Aufnahme der Namen, die das Vorspielen einer spontanen Bekanntmachung überflüssig macht, als auch an Details, wie der Wahl der distanzierenden Vorstellungsphrase „ich heiße" und der anschließenden Funktionsbenennung (**Z. 21f**): „Also ich heiße Schl_w1 und das ist die Schl_w2 (.) und wir sind heute eure Streitschlichter." Zudem werden die Schlichtungsregeln ausführlich erläutert, wozu auch gehört, dass die Schlichterinnen die Streitenden auf die Möglichkeit hinweisen, Nachfragen zu stellen (**Z. 26f**), und ihnen hierzu eine Gelegenheit anbieten (**Z. 52**). Auf diese hin meldet sich Sm1 zu Wort (**Z. 53–56**) und formuliert drei Fragen, von denen insbesondere die zweite, „Das is aber nur heut, oder?“, klingt, als hege er Bedenken, Schlichtung sei eine langwierige Angelegenheit, bzw. benötige mehr Zeit, als er hierfür zu opfern bereit ist. Ferner zeigt er mit den Fragen, dass er mit dem Verfahren noch keine Erfahrung gemacht hat, es ggf. kennt, aber selbst noch nicht Teilnehmer war. Schlichterin 2 spürt die Bedenken und beschreibt zuversichtlich den bestmöglichen Fall, in dem sie heute eine Lösung ermitteln und sich deswegen lediglich zu einem Nachtreffen zusammenfinden müssen, wobei sie eine Schätzung über die Dauer der aktuellen Sitzung unterlässt (**Z. 57–60**). Auf die Frage Schl_w1’ hin, wer anfangen „möchte“ (**Z. 64**), meldet sich Sm1 mit „Ich!“ (**Z. 65**). Anders als im Schlichtungstranskript Nr. 3, in welchem den Streitschülern nicht zuvor gesagt wurde, mit was einer von ihnen anfangen soll, sprach Schlichterin 1 wenige Zeilen zuvor (in **Z. 47f**) an, dass es gleich darum gehen wird, den Streit „vorzutragen“. Demnach will Sm1 zuerst eine Schilderung der Angelegenheit einbringen und so den Vorteil des ersten Zugs nutzen, auf den die zweite Partei reagieren muss. Sm2 entgegnet hierauf mit einem weder erleichterten noch ablehnenden „meinetwegen“ (**Z. 66**). In seiner Sichtweisendarstellung hebt Schüler 1 damit an, dass Sm2 ihm „schon lang immer irgendwas irgendwie irgendwas in die Schuh“ zu schieben versucht und dass er „anscheinend immer für alles e Sündebock“ braucht (**Z. 69–72**). Mit „immer“ betont Sm1 die Regelmäßigkeit und mit „für alles“, dass es sich um ein umfassendes Geschehen handelt. Zusätzlich benutzt er in **Z. 70** gleich dreimal Wörter, die mit „irgend“ beginnen und einen Hinweis darauf gegeben, dass das „immer“ Wiederkehrende, das er zum Ausdruck bringen will, sich nur schwer bezeichnen lässt. Danach beginnt er den aktuellen Anlass zu schildern, in dem im morgendlichen Busgedränge die Brille von Sm2 verbogen wurde und dieser ihm ebendies zur Last legt. Er fügt hinzu, dass es auch schon vorher zu Vorfällen kam (**Z. 94**) und dass sie sich schon seit längerer Zeit streiten würden (**Z. 101**). Letzteres bestätigt Schüler 2 und datiert den Beginn der Auseinandersetzungen auf die dritte Klassenstufe (**Z. 103**), was Sm1 prompt verneint (**Z. 104**) und einwendet, dass er ihn zu diesem Zeitpunkt noch nicht kannte (**Z. 106f**). Während Sm1 nur gewusst habe, dass da„irgendeiner“ ist, der „irgendwann“ dieselbe weiterführende Schule besuchen wird, gibt Sm2 an, dass er Sm1 bereits zu

Grundschulzeiten „genuch gekennt“ habe (**Z. 112**). Schlichterin 1 beendet die Unterhaltung zwischen den beiden Schülern in **Z. 116** dadurch, dass sie Sm2 zur Darstellung seiner Sichtweise auffordert. Dieser berichtet ausschließlich von der Situation im Bus, wobei er keine klaren Anschuldigungen macht, sondern vorsichtig äußert, dass es ihm so vorgekommen sei, als hätte Sm1 ihn „geschubst“, woraufhin die Brille hingefallen und „irgendwer“ auf diese getreten ist (**Z. 117–121**). Weil er von weiteren Vorfällen mit Sm1 schweigt, haken die Schlichterinnen diesbezüglich nach (**Z. 124–129**), worauf die Streitenden synchron zurückmelden, dass sie sich bereits seit der fünften Klasse streiten (**Z. 130f**).

Sm1: Ja. (.) Soll ich mo grad was sahn? (.) >{schnell} Also er is mir in de Paus immer hinnerhergelaf (.) un weil er immer so eklisch Zeisch macht, der esst dann Booze {= Popel} während de Stunn un dann lutscht er de Daume odder (.) hat halt die Hand in de Buggs {= Hose} un so un das fallt ach annere of. (.) Dann wollt ich halt mit dem nix zu dun hann,< (.) jo. Der hat mich dann halt immer genervt. (.)
Schl_w?: >{leise} Hmhm.<
Sm2: Also (.) ich (.) in letschter Zeit versuch ich sch jo schon, ihm aus'm Weg zu gehn. Nur manschmo klappt's enfach nedd. (..)
Schl_w1: [Warum?]
Sm2: [Aber] (.) früher war ich (...) ach e bissje annerschd. Ich hann mich seit dem gebessert.
Schl_w2: >{lachend} Seit wann?<
Sm2: Seit de sechst Klass. Ende sechste Klasse versuche ich mich zu bessern.
Schl_w2: Also hann ich das jetzt richtig verstann, dass der Auslöser die Aktion im Bus war, awwer dass ihr euch eigentlich vorher schon immer (.)
Sm2: Ja.
Schl_w2: Konnde ihr euch leide odder hann ihr eigentlich euch immer schon (.)[so]

```
Sm1:                    [>{lachend} Also,] ich kann ihne
          eigentlich nedd leide. (x) Is emfach   [(x)]
Sm2:                                             [Nee.]
Sm1:      so eklisch. Ich kennt noch    [( ) ]
Sm2:                                    [Also] mir könne (.)
          uns beide (.) nedd ausstehn. =
Sm1:      = Ja.
```

Ohne dass die Schlichterinnen weitere Nachfragen bringen, erweitert Sm1 seine Sichtweisendarstellung in **Z. 132–139** und erzählt, dass Sm2 ihm in Pausen „immer" hinterhergelaufen sei. Weil dieser aber „immer" eklige Angewohnheiten an den Tag lege, habe er nichts mit ihm zu tun haben wollen und seine Versuche, Kontakt aufzunehmen, „immer" als nervend empfunden. Sm1 beschreibt auf diese Weise verhältnismäßig sachlich ein Verhalten, was vom Beschriebenen gerade dann als schmerzlich empfunden werden dürfte, wenn dieser es als zutreffend erachtet. Statt eines Einspruchs äußert Sm2 hierauf, dass er „in letzter Zeit" versuche Schüler 1 aus dem Weg zu gehen (**Z. 141f**). Er zeigt somit Verständnis, dass Sm1 nicht auf die genannte Weise kontaktiert werden will, ggf., dass er nachvollziehen kann, dass dieser sich von ihm „genervt" fühlt. Sogleich fährt er fort indem er zugesteht, dass „es" „manchmal" „einfach" nicht funktioniert (**Z. 142f**). Kontextgemäß drückt er dadurch aus, dass er seinen eigenen Vorsatz, Sm1 nicht mehr durch seine Annäherungsversuche zu nerven, nicht eisern einhalten kann. Die direkte, aber in diesem Zusammenhang unsensible, Nachfrage der Schlichterin 1, „Warum?", übergeht Schüler 2 und hängt als rechtfertigenden Grund für das Brechen seines Vorsatzes an, dass er sich „seit dem gebessert" habe (**Z. 145f**). Hiermit bestätigt er nicht nur indirekt die unliebsamen Verhaltensweisen, die Sm1 über ihn ausgesagt hat, sondern lässt durchblicken, dass er Anschluss sucht und zwar so sehr, dass er es bewusst durch sein Drängen riskiert, denjenigen, dessen Freundschaft er erzwecken will, zu „nerven". Die Nachfrage in Form einer Paraphrasierung der bisherigen Darstellungen durch die beiden Schlichterinnen (**Z. 150–155**) spricht indes nicht dafür, dass sie die Äußerungen von Schüler 2 als Hilferuf nach Anschluss wahrgenommen haben. Vielmehr sind diese noch bemüht, die Entwicklung des Geschehens zu ordnen und deuten „die Aktion im Bus" als „Auslöser" für das erneute Aufkeimen „eigentlich vorher schon immer" bestehender Antipathie. Dass für Sm2 aber die Freundschaft thematisch ist, lässt sich auch an den beiden Antworten auf die Paraphrase einsehen. Denn während Sm1 bejahend ergänzt „ich kann ihne eigentlich nedd leide“ (**Z. 156f**) und Sm2 diese Stellungnahme (in **Z. 160f**) offenbar mit „mir könne uns beide nedd ausstehen.“ bekräftigt, steigert letzterer zwar den Ausdruck der Abneigung von „nicht leiden können“ auf „nicht ausstehen können“, spricht aber im Gegensatz zu Sm1 nicht von sich allein, sondern von ihnen beiden. Damit zeigt er auf die unverblümte Auskunft von Sm1 mittels Zustimmung zur Absage an die Freundschaft emotionale Getroffenheit, ohne seine Bedürftigkeit unmittelbar zu artikulieren. Schlichterin 1 paraphrasiert nochmals (**Z. 166–169**): „Also du hast dich von Anfang an von ihm sozusagen bedroht gefühlt, weil er anscheinend in der Pause immer hinner dir her gelaufen is, un dann hat das Ganze so angefang.“ Mit „sozusagen“ drückt sie Unbestimmtheit aus, nutzt aber dennoch zur Bezeichnung des Gefühls „bedroht“. Sie erfasst folglich die drängende Kontaktierung als Bedrohung von Sm1 und als Auslöser für „das Ganze“ des Streits. Diese Situationsumschreibung befindet Schüler 1 für unpassend und passend zugleich. So beginnt er sein Kommentar (**Z. 170–176**) mit „Ja“, bringt aber mit der Annahme „der wollt anscheinend irgendwie m-m mit mir e Freundschaft anfange oder so“ auf den Punkt, was Z. 132 bis 161 im Raum stand, und richtet sich auf diese Weise gegen die Wahrnehmung des Zustands als Bedrohung. Dass der Zustand gleichwohl etwas Bedrohliches inne hat, der Eindruck der Schlichterin also nicht gänzlich falsch war, wird daran deutlich, dass Sm1 nachfolgend wieder auf die „ekligen“ Gewohnheiten von Sm2 zu sprechen kommt. Rückverbunden mit der ersten Erweiterung seiner Sichtweisendarstellung in Z. 132–139, in der er äußert, dass „das“, also die ekligen Gewohnheiten, „ach annere“ auffallen würde (Z. 137), hat er „alleen schon deshalb ken Interesse“ (**Z. 172**) an engerem Kontakt mit Sm2, weil er durch diesen an Ansehen zu verlieren fürchtet. Als die Schlichterin 1 einige Zeilen weiter zur Bestimmung der Interessen schwenkt, baut sie die Freundschaftsthematik in ihre Nachfrage ein; allerdings in einer Verneinung (**Z. 204–206**): „Also es is ach nedd euer Ziel, jetzt befreundet zu genn, odder? Also ihr wolle eigentlich gar nix mitnanner zu dun hann?“ Hierauf kommt es zur Transformation des Musters aus Z. 156–161: Sm1 bestätigt, dass er „eigentlich gar nix mit ihm zu dun hann“ will (**Z. 207**), lehnt demnach Schüler 2 wie schon in Z. 156f ab. Darauf beginnt Sm2 (**Z. 209**) seine Stellungnahme wieder (wie in Z. 160f) in der ersten Person Plural vorzutragen, wird jedoch rasch in seinem Satz von Sm1 unterbrochen. Dieser spricht erneut von sich allein, „ich versuch ihm aus em Weg zu gehen." (**Z. 210**), woraufhin nun auch Sm2 die erste Person Singular nutzt, ausgleichend aber statt einer Bestätigung von Sm1' Absicht (in **Z. 211f**) sagt, dass er „enfach nur e Lösung will, damit es nedd andauernd wieder zu Zoff kommt." Wenngleich Sm2 die vorgeschlagene Meidung nicht bejaht, grenzt er sich mit seiner Ausdrucksweise zunehmend ab und entfernt sich **Z. 214f** von der Idee der Freundschaft: „Freunde nedd gerade, aber wenischstens de gröschde Streit zur Seit." Demgemäß wird in den nachstehenden Wortwechseln nochmals der aktuelle Anlass, nämlich der Zoff mit der Brille, bemüht. Als Sm1 aber vehement abstreitet, dass er Sm2 „gestupst" hat (**Z. 275–297**), lässt Schüler 2 in **Z. 302f** auch diesen Vorwurf fallen: „Also jo, das könnt vielleicht ach senn, dass er von hinne geschubst genn is." In **Z. 328** geht Schl_w1 erneut zur Beschreibung der Gefühle über. Weil sich aber der Sachverhalt mit der Brille als falsche oder wenigstens unbeweisbare Anschuldigung gegen Sm1 herausgestellt hat, macht sie diesen nicht mehr (wie in Z. 217–219) zum Gegenstand der Empathieübung.

Schl_w2: Wie hascht'n du dich vorher gefühlt, als er immer vor
dir weggelaf is, als du äh (.) mit ihm vielleicht e
Freundschaft anfänge wolldscht?
(..)
Sm2: Also e bissje verärgert war ich doch.
(..)
Schl_w2: Awwer du willschd jetzt nimme mit ihm befreundet sin
odder willschde [((ca. 3 Wörter unverständlich))]
Sm2: [Nee! (.) (Nee nee).]
Schl_w2: Un wie hascht du dich gefühlt, als er immer (.)
hinner dir hergelauf is un dich genervt hat?
Sm1: Enfach bedrängt! Das is enfach (..) ma will das nedd,
wenn ma en gar nedd ausstehn kann aus irgendnem
Grund, was jetzt ja ach werklich e Grund is.

Stattdessen passt sie die Ablehnung der Freundschaft in die Anweisung zur Beschreibung der Gefühle, wodurch die Formulierung in die Nähe eines Vorwurfs gegen Sm1 rückt. Mit seiner Antwort, dass er „e bissje verärgert war", nicht etwa zutiefst traurig und deprimiert, versäumt Sm2 jedoch dem Vorwurf Nachdruck zu verleihen. Er zieht es vor, seine Kränkung und Verletztheit nicht vollkommen offen zu legen. Schl_w2 bohrt daraufhin nochmals nach und befragt ihn (**Z. 336f**), ob er noch Interesse an einer Freundschaft mit Sm1 hat – was Sm2 in **Z. 338** mehrfach verneint. Nun wendet sich Schlichterin 2 in Umkehrung der Perspektive an Schüler 1 und baut in ihre Fragestellung die Gefühlsbezeichnung ein, die Sm1 bereits im Hinblick auf diesen Umstand (in Z. 139) genannte hatte. Dieser entgegnet mit einer Steigerung seiner vormals zurückhaltenden Angabe, dass er sich „genervt" gefühlt habe, zu (**Z. 341–343**) „Enfach bedrängt!", und hängt eine Rechtfertigung an: „Das is enfach (..) ma will das nedd, wenn ma en gar nedd ausstehn kann aus irgendnem Grund, was jetzt ja ach werklich e Grund is." In seiner Begründung führt Sm1 sein Verhalten letztlich auf willkürliche, persönliche Abneigung zurück. Ebenso hätte auch Sm2 von sich geben können, dass er aus Missmut und Trauer Schüler 1 so lange nerve, bis dieser ihn eines freundschaftlicheren Umgangs würdigt. Das irrational-diffuse „irgendein Grund" wird zum „wirklichen" Grund, indem es zu realem Verhalten wird.

Schl_w?: Hmhm.
Sm1: Mh, das will ma enfach nedd, wenn d {ca. 2 Wörter
unverständlich} hinnerher rennt, dann beschimpft er
noch mei Eltere, mei Vadder wär e Schläger, mei
Mudder wär e Hure un das dann ach noch während em e
Gottesdienscht (.) in de fünft Klass in de Kersch.
Sm1: Jo klar!
Sm1: Un ich hann das ach meine Eltere gesaht. Die hann ach
gesaht, ich soll das jetze hier heut morje (ach mol)
erwähne.
Schl_w?: Hmhm.
(..)
Schl_w2: Also du hascht dich dann ziemlich schlecht gefühlt un
beleidigt un das war ach ener von dene Gründe, warum
du dann nix mit ihm zu tun hann [wolldscht?]
Sm1: [Jo.]
Schl_w1: Un du hascht dich verärgert gefühlt, ach in dem Bus
dann, wenn dein Brill kaputt is un dann (.)
Sm2: >{leise} Jo.<
Schl_w1: Is mer direkt jo eigentlich (.) bissje verärgert.
Schl_w2: Was stelle ihr euch dann als Lösungen vor? Was
würschd du (.) jetzt für die Zukunft vereinbare?

Weil Sm1 die Lückenhaftigkeit seiner Argumentation spürt, fügt er schnell (in **Z. 345–349**) die Unterstellung hinzu, Sm2 habe in der fünften Klasse seine Eltern beleidigt. Obwohl dieser prompt mit einem Entrüstung verheißenden „Jo klar!“ reagiert, setzt Schl_w2 wenig später mit einer Paraphrasierung ein und nimmt den Vorwurf in diese ohne weitere Prüfung auf. Damit behandelt sie ihn als gültige Begründung für das ablehnende Verhalten von Sm1, der diese Darstellung bloß mit „Jo“ quittiert (**Z. 359**). Schl_w1 schließt an und fasst für Sm2 zusammen, dass er sich „verärgert gefühlt“ hat, als seine Brille zu Bruch ging, ohne dieses Ereignis mit Sm1 in Verbindung zu bringen. Auch Schüler 2 stimmt zu. Nach einer beiläufigen Verständnisbekundung durch Schl_w1 springt Schl_w2 sogleich zur Suche nach Lösungen „für die Zukunft“ (**Z. 363–365**). Unterm Strich wurde auf diese Weise in den Zeilen 341 bis 365 in Windeseile eine irrationale Begründung nachträglich mit einer ungeprüften Beschuldigung aufgefüllt, zum Standpunkt einer Partei zusammengefasst, dieser einer ausgedünnten Positionsbestimmung der zweiten Partei gegenübergestellt und der nächste Punkt im Ablaufschema eingeläutet. Anstatt, dass das Geschehen zu Protest geht, gerade im Hinblick auf die Unterstellung an Sm2, kommen die beiden Schüler der Aufforderung nach und nennen Lösungsvorschläge. Während Sm1 sich von Sm2 eine Verhaltensänderung wünscht (**Z. 366–368**), zieht Schüler 2 aus dem bisherigen Schlichtungsverlauf seine Lehre. Die besteht im Wesentlichen darin, dass Sm1 ihn gering schätzt und so stark ablehnt, dass jegliche Anstrengungen, eine gute Beziehung aufzubauen, keine Aussichten auf Erfolg versprechen. Derart ernüchtert kann er nun seinem eigenen Vorsatz (aus Z. 141f) besser nachkommen und spricht in **Z. 384f** wiederum in der ersten Person Plural das aus, was Sm1 schon etliche Zeilen zuvor (in Z. 210) für sich entschieden hat: „Mir sollte uns aus'm Wehsch gehen.“ Der Vorschlag trifft auf allgemeine Zustimmung und wird zur „beidseitigen Vereinbarung“; selbst wenn seine Realisierung, aufgrund des Umstands, dass sie in derselben Bankreihe einer Klasse sitzen, flüchtig problematisiert wird (**Z. 393-396**). Die gefundene Lösung wird schließlich mit folgendem Wortwechsel besiegelt:

Schl_w1: Also ihr müsse jetzt nur noch (.) vielleicht mache
ner das mo mit'nem Handschlag, wenn das gehn würd.
Schl_w2: Ja!
Schl_w1: >{lachend} Also ken Küssje links un
[rechts {ca. 3 Wörter unverständlich}<]
Sm1: [Ich kann da ach gähre] (e) Päcksche
Gummibärscher kaafe, wie das is, {ca. 3 Wörter
unverständlich}.
{Schl_w? lacht.}
Sm1: Awwer ich würd em nedd gähre die Hand genn, weil er
sich (.) ehwe hat er schon widder e Popel gefress (.)
un {Sm2 stöhnt.} ich, ich will das enfach nedd.
Schl_w2: Ei wolle ner vielleicht (.) e gemeinsame Geste
irgendwie vereinbare? (.) Vielleicht so mache oder
so?
{Lachen}
(..)
Sm1: Mir sahn es uns enfach ins Gesicht. Mir gehn uns
nächstens aus'em Weg, enverstann?
Sm2: Hmhm. Gudd.
?: >{leise} Gudd.<
Sm1: Jo.

Nachdem Sm1 Sm2 offenkundig beleidigt, indem er ihm vorhält, er habe einen Popel „gefressen“ und ihn damit erneut als widerlich hinstellt, spricht er erstmals im gesamten Transkript (**Z. 507f**) für sich und Sm2, wie es Sm2 zuvor so oft getan hat: „Mir gehen uns nächstens aus'm Weg, enverstann?“

Zum Schluss der Sitzung unterzeichnen beide Parteien das Vertragsformular und vereinbaren mit den Schlichterinnen einen Termin für das Nachtreffen.

The big Pow Wow

Jugendrotkreuz
STREITSCHLICHTER

Schlichtungsvertrag

zwischen: Sm1 7d
Name, Vorname Klasse

und: Sm2 9d
Name, Vorname Klasse

SchlichterIn: Schl_w1 , Schl_w2
Name, Vorname

Streitfall: Streit seit 5. Klasse
Brille im Bus kaputt

Lösung: sie gehen sich in Zukunft
aus dem weg, keine Beleidigungen,

Beide Vertragsparteien stimmen der Lösung zu.

Ort ,12.12.08,
Ort, Datum, Unterschrift

Ort ,12.12.08,
Ort, Datum, Unterschrift

auf 120 % kopieren

34

Überlegungen zur Generalisierung

Schon zu Beginn der Darstellung des Streitanlasses drückt Schüler 1 mit „immer“ und „irgendwas irgendwie irgendwas“ aus, dass es sich um etwas Umfassendes und zugleich schwer Greifbares handelt, das Schüler 2 ihm „in die Schuhe“ zu schieben (Z. 70) versucht und, wie er später sagt, sich nicht „anhängen lassen“ will (Z. 325f u. 367f). Der Verlauf der Schlichtung klärt indes darüber auf, dass es sich hierbei um nicht weniger als die Freundschaft mit Sm2 handelt. Obwohl dies im Gespräch mehrfach thematisiert und die Ablehnung sogar in einer Formulierung von Schl_w2 während der Empathieübung Sm1 implizit als hartherziges Verhalten vorgeführt wird (Z. 330–332), bringt die weitgehend sachliche und distanzierte Handhabung der Sozialtechnik am Ende die genannte Lösung hervor.

Anders als bezüglich der in Transkript Nr. 3 protokollierten Sitzung kann hier davon ausgegangen werden, dass die Parteien dazu motiviert waren, sich zu einem Gespräch zusammenzufinden; wenngleich ein Lehrer ihnen „zur Schlichtung geraten hat“ (sieht zusätzliche Informationen in Schlichtungstranskript Nr. 9, S. 18). Weil diese Motivation sich aber vordergründig aus dem Wunsch ableitete, dass Streitereien, wie die um die Brille, in Zukunft ausbleiben sollen (z. B. Z. 211f), stellte sich schon zu Beginn des Treffens eine Haltung der Vermeidung ein. Diese wurde durch die Schilderungen von Sm1 sowie die von beiden Schülern genannten unerwünschten Gefühle wie Ärger und Genervtheit verstärkt, sodass die Beziehung zwischen ihnen in einem denkbar schlechten Licht erschien und rasch als Wurzel allen Übels ausgemacht wurde. Was Renate Haack-Wegner und Cordula Schrör beschrieben haben, dass Schüler sich – trotz der Bestrebung von Mediation, eine vertrauensvolle Atmosphäre zu schaffen – nicht trauen, ihre Verletzbarkeit in der Schlichtung offen zu legen,[268] trifft hier besonders auf Sm2 zu. Die bisherigen Analysen des Materials legen die Vermutung nahe, dass diese Haltung deswegen nicht durchbrochen wird, weil sich die Interaktion im Rahmen der Sozialtechnik in einer Vermeidungslogik[269] ausformt. Ob Sm1 Sm2

268 Vgl.: Haack-Wegner, Renate; Schrör, Cordula: Einführung der Streitschlichtung in einer Schule. Praxisforschung im pädagogischen Feld. 2005, S. 64f.

269 Der Begriff lehnt sich an die Theorie Luc Ciompis an, der Affekten die Ausprägung ihnen gemäßer sogenannter affektlogischer Muster zuschreibt, die in ihrer Sogwirkung kognitive Strukturen wesentlich mitbestimmen. Vgl.: Ciompi, Luc: Die emotionalen Grundlagen des Denkens. 2005, S. 153. Und: Ders.: Gefühle, Affekte, Affektlogik. 2007.

tatsächlich geschubst hat und so an der Beschädigung der Brille eine Schuld trägt, kann anhand des Transkripts nicht festgestellt werden. Deutlich am Text abzulesen ist hingegen die gemeinsame Absicht, Streit zu vermeiden, und dass diese die Unterschiedlichkeit der Beweggründe überlagerte. So äußert keiner der Beteiligten die konstruktive Forderung nach Zusammenhalt, auch nachdem die Bedürftigkeit eines Schülers spürbar wurde. Das liegt nicht bloß daran, dass die Schlichterinnen keine Lösungen vorgeben dürfen, sondern ist in umfassender Weise der Neutralität des Verfahrens geschuldet. Dieser gemäß konnte Schüler 1 die ekligen Gewohnheiten von Schüler 2 so nüchtern referieren (Z. 134–137), dass sie nicht die Form einer Beleidigung annahmen, dadurch zwar Teil eines gesitteten Gesprächs werden konnten, aber dennoch als zur Person von Sm2 gehörige negative Fakten behandelt wurden und ihn deswegen umso „objektiver“ herabwürdigten.[270] Dergestalt beschämte der Angeschuldigte in seiner Verteidigungsrede den Freundschaft suchenden Schüler, ohne am Regelwerk des Verfahrens anzuecken. Das Unbehagen darüber, dass etwas übergangen wurde, drückte sich in den rückversichernden Nachfragen der beiden Schlichterinnen aus:

```
Schl_w1:  Also es is ach nedd euer (.) Ziel, jetzt befreundet
          zu genn, odder? (.) Also ihr wolle eigentlich gar nix
          mitnanner [zu dun hann?]

Schl_w2:  Awwer du willschd jetzt nimme mit ihm befreundet sin
          odder willschde     [(ca. 3 Wörter unverständlich)]
Sm2:                          [Nee! (.)       (Nee nee).]
```

Mit ihnen versuchten Schl_w1 und Schl_w2 zu helfen, verkehrten aber in der Konsequenz des bisher Gesagten Sm2' Wunsch. Diese Vorlage anzunehmen hieße folglich nicht nur die eigene Bedürftigkeit offen auszusprechen, sondern zudem gegen die Negation anzugehen. Mit der mehrfachen Verneinung in Z. 338 zeigt Schüler 2, dass er diese Hürde nicht mehr zu nehmen bereit war. Denn dazu hatte ihm die während des Gesprächsverlaufs entgegengebrachte Kälte die Motivation genommen. Der Erkenntnisgewinn durch Kränkung seitens Sm2 wird in den unmit-

270 Siehe hierzu: Simmel, Georg: Soziologie. 1958, S. 231.

telbar anschließenden Zeilen (Z. 341ff) sichtbar, als Sm1 seine Antipathie mit Nachdruck vorträgt, diese mit einer Unterstellung rechtfertigen will und Schüler 2 hierauf bloß mit einem „Jo klar!" reagiert. Damit äußert er zwar kontextgemäß einen Einspruch, der aber ohne eine darauffolgende Stellungnahme dem Wortlaut „Ja klar!" entsprechend als Zustimmung dasteht. Auf diese Weise signalisiert Sm2 Einsicht in die Tiefe der Abneigung sowie darin, dass diese nicht durch Gespräche umzukehren ist. Das erklärt auch die Kürze des Protests, in dem sich die angeschlagene Würde gleichsam ein letztes Mal intuitiv aufbäumte. Dafür, dass die Belastung, Schüler 2 habe die Eltern von Sm1 während eines Gottesdienstes beleidigt, zweifelhaft ist, spricht nicht nur, dass der Vorfall bereits zwei Jahre zurück liegt,[271] sondern auch, dass Schüler 1 ihn erst jetzt ins Feld führt und doch mit Vehemenz vorbringt (Z. 351–353). Mit den ständigen Nachfragen, insbesondere der in Z. 330–332, haben die Schlichterinnen Sm1 in die Enge getrieben. Weil er befürchtet, über Höflichkeitsgebote auf die Solidarität mit Sm2 festgenagelt zu werden, wird er ungehalten und verweist auf sein Freiheitsrecht, das keiner weiteren Begründungen bedarf. Er erzwingt damit die Zustimmung zur gegenseitigen Meidung, die sich als Muster durch das gesamte Gespräch zieht, sodass das Verfahren und Sm2 letztlich auf Granit beißen. In dieser Hinsicht erscheint es sinnvoll, dass die Schlichterinnen die nächste Phase einleiten (Z. 364ff) – denn stellten sie weitere Nachfragen zu der Beleidigungssituation in der Kirche, könnte dies erneute Abneigungsbekundungen von Sm1 gegen Sm2 mit sich bringen.

Da die Technik an sich zu Neutralität, Nüchternheit und Klarheit anhält, unterscheidet sie sich per se von diffusen Sozialbeziehungen, zumal der Freundschaft, die sich weder rational fassen noch mechanisch herstellen lässt. D.h. grundsätzlicher, dass hier eine Sozialbeziehung durch eine Technik ausgedünnt wird, weil jene von dieser nicht begriffen werden kann. Ihrer Rolle gemäß sind die Schlichterinnen ebenso wenig dazu gehalten, Zusammenhalt einzuklagen, wie es außerhalb der Schlichtung ein Recht auf Freundschaft gibt.[272] Entsprechend liest sich das Schlichtungstranskript wie ein Verhandlungsgespräch, in welchem ein potenzieller Kunde dem werbenden Verkäufer den Gebrauch unsachgemäßer Mittel unterstellt (Z. 70 u. 325f u. 367f), er an seinem Produkt einfach nicht interessiert ist (Z. 172), sich deswegen bedrängt fühlt

271 Die Schüler befinden sich in der siebten Klassenstufe. Siehe zusätzliche Informationen zu Transkript Nr. 9, S. 18.

272 Siehe hierzu: Simmel, Georg: Soziologie. 1958, S. 212.

(Z. 341), nachdrücklich auf sein Freiheitsrecht hinweist und durchsetzt, nicht weiter belästigt zu werden. Daher ist es ironischer Weise Sm2, der durch versachlichte Herabwürdigung beleidigt aus der Schlichtung geht, obwohl der Tatbestand der Beleidigung aufgrund der nicht weiter geprüften Unterstellung von Sm1 (Z. 345–359) in den Vertrag aufgenommen wurde.

Schlichtungstyp 2: Konfliktvermeidung durch Distanzierung

Unter im Sinne der Einführungsliteratur mustergültiger Anleitung schildern die Streitparteien eine Angelegenheit, die sie aus unterschiedlichen Gründen belastet. Während eine Seite Kontakt sucht, will die zweite ihn unterbinden. Die Neutralität der Schlichter und die gemäß der Verhandlungstechnik versachlichte Darstellung unerwünschten Verhaltens wirken auf die kontaktsuchende Partei kränkend, weshalb sie nicht nur die offene Mitteilung ihres Bedürfnisses unterlässt, sondern ebenfalls eine ablehnende Haltung einnimmt. Auf diese Weise kommen beide Parteien in der Sitzung auf einen gemeinsamen Nenner und beschließen zur künftigen Vermeidung von Konflikten, dass sie sich aus dem Weg gehen.

In einem engen Umfeld, wie in Schule, bleibt, weil die Gewinnung räumlichen Abstands versperrt ist, nur die psychische Distanzierung, die sich dann als das absichtliche Übersehen des anderen ausformen muss. Die Heranwachsenden raufen sich deswegen nicht mehr im Streit zusammen, sondern lernen sich durch die Sozialtechnik voneinander zu distanzieren.

Kontrastive Betrachtung weiterer Sitzungen

Die in Transkript Nr. 9 protokollierte Schlichtung hebt sich von den anderen acht in der Sammlung enthaltenen vor allem dadurch ab, dass sich die Schilderung des Streits in ihr nicht auf die Nennung abwechselnd geschehener Übergriffe bzw. als unangenehm empfundener Handlungen beschränkt, sondern Hintergründe zur Sprache kommen, die auf der Beziehungsebene liegen.

Trotz der zahlreichen Unterschiede zu der in Protokoll Nr. 3 dokumentierten Sitzung liegt dies jedoch nicht nur an der neutraleren Haltung der Schlichterinnen oder anderen Eigenarten ihrer Umsetzung des Verfahrens. Eine der entscheidenden Äußerungen in Gespräch Nr. 9 stammt von Sm1, der in Z. 132–139 die Darstellung der Situation selbst erweitern will, weil ihm die vorhergegangene Fokussierung auf den Vorfall mit der Brille zu eng war. Als Schlichterin 1 (in Z. 166–169) auf diese Ergänzung eingeht und die Kontaktsuche von Sm2 als Bedrohung bezeichnet, sieht Schüler 1 sich zu einer Korrektur veranlasst und benennt die Thematik der Freundschaft. Ob dies ohne die ständigen, oft in Form von Paraphrasierungen vorgenommenen, Nachfragen durch die Schlichterinnen zum Vorschein gebracht worden wäre, kann nicht gesagt werden. Fest steht aber, dass Sm1 den Drang hatte, ebendies anzusprechen; wenn auch, um den Kontakt mit Sm2 einzuschränken.

Von besonderer Bedeutung ist schließlich die Stelle, an der die Schlichterinnen zur Lösungssuche übergehen, anstatt dem neuen Vorwurf der Beleidigung so auf den Grund zu gehen, wie sie es zuvor in der Angelegenheit mit der Brille getan haben. Mit dem Sprung zum nächsten im Ablaufschema vorgesehenen Schritt brechen sie damit das Nachbohren an der Beschaffenheit der Sozialbeziehung ab, weil Sm1 sich energisch gegen deren Manipulation sträubt. Anhand dieses Verlaufs wird klar, dass Schüler 1 den Blick auf die Beziehung eröffnet hat, um sie als das Störende begrifflich fassen und gegen sie angehen zu können.

Vor diesem Hintergrund schrumpft die oben genannte Eigenheit von Schlichtungsgespräch Nr. 9 wieder zusammen, da mit ihr zugleich eine Haltung zutage tritt, die sich in jedem der Transkripte wiederfindet: Die Schüler bringen nur das zur Sprache, was sie stört und deshalb unterbinden wollen; bzw. was die Lehrer gestört hat, bevor sie die Schüler zur Streitschlichtung geschickt haben. Weil dies unabhängig von der Handhabung des Verfahrens durch die Streitschlichter gilt, drängt sich die in der Interpretation von Transkript Nr. 9 erstmals angesprochene Vermeidungslogik als Fallstrukturgesetzlichkeit[273] von Streitschlichtung auf. Diese gilt es im weiteren Verlauf der Untersuchung auszubuchstabieren und weitere Typen von Schlichtungsgesprächen umrissartig darzustellen.

---

273 „Fallstrukturgesetzlichkeiten erklären Fallstrukturen in der Gestalt, wie sie sequenzanalytisch nachgewiesen werden, in dem Sinne, daß sie nicht einfach eine nach Zweckmäßigkeitsgesichtspunkten konstruierte Generalisierung über diese Fallstrukturen darstellen, sondern vielmehr die Regeln und Prinzipien für deren Erzeugung in der Reproduktion und – übergreifend – auch deren Bildung bzw. Genese in der Transformation zur Geltung bringen. Es sind nicht nominalistische, sondern realistische, nicht konstruierte, sondern rekonstruierte Modelle, die empirisch real operieren. Es handelt sich um einen Gesetzesbegriff, der in den Sozialwissenschaften bisher viel zu wenig, wenn überhaupt berücksichtigt worden ist." Oevermann, Ulrich: Die Methode der Fallrekonstruktion in der Grundlagenforschung sowie der klinischen und pädagogischen Praxis. 2000, S. 121f.

Dass die Offenlegung von Hintergründen nicht automatisch aus einer adäquaten Handhabung des Verfahrens folgt, sondern die Betrachtung von Streit sich trotz korrekter Anleitung auf die wechselseitige Ausübung unerwünschten Verhaltens belaufen kann, zeigen die Schlichtungstranskripte Nr. 1, 2 und 7. So erfolgt nach einer knappen Bekanntmachung und Nennung der Schlichtungsregeln in **Nr. 1** folgende Anlassschilderung:

Sw1: Ähm, wir waren auf dem Klettergerüst und dann hat er
n Mädchen gerufen. Und dann hab ich den nur so am
Bein.
Sm1: Hier.
Sw1: Und dann ist er mir hinterhergerannt. Dann bin ich
wegen dem gegen einen Lehrer geknallt. (.) Und er
wollte mich schlagen.
Schl_w2: Der Lehrer?
Sw1: Nein.
{mehrere lachen gleichzeitig}
Schl_w2: Also. Du warst auf dem Klettergerüst und danach hat
der Mädchen gerufen, (.) oder so?
Sw1: Nein, der hat irgendein Mädchen gerufen. Ich weiß (x)
(.) und dann hab ich den hier (hinten am Bein) (x x)
fest(x) und dann ist er mir hinterhergerannt. (.)
Wollte er mich schlagen. Wollte ich ihn
[( )]
Schl_w2: [Ach so und] deswegen bist du gegen einen Lehrer
geknallt.
Sw1: Ja.
Schl_w2: >{leise} Ach so.< **{03:06}**
Schl_w1: Und sag mal das, ähm, in deiner Version, wie du's
gesehen hast.
Sm1: Eigentlich hab ich nur (.) ein Mädchen gerufen, was
gefragt. Danach war ich ganz oben auf'm
Klettergerüst. Da hat sie mich gezogen und nicht
einfach so gemacht! Und dann (.) bin ich ihr
hinterhergerannt. Da ist sie gegen'n Lehrer geknallt.

Schl_w2: Und wolltest du sie auch schlagen?
(..)
Sm1: Eigentlich nicht. (.) Wollte ihr nur sagen, warum sie's (x) gemacht hat.
Schl_w2: Stimmt das denn so?
Sw1: Nein, ich hab ihn nicht gezogen. (.) Und er wollt, ähm, und wir war'n, mh, (.) äh, vor der Bücherei, nein, gingen, äh, bei der Mensa und dann (.) ähm hat er m, wollte er mich festhalten und dann ist eine Freundin von mir, Sw3, die hat den dann festgehalten (.) und dann wollte ich schnell in die Bücherei und dann (.) bin ich dann gegen ein Lehrer >{leise} geknallt<.
Schl_w1: Ach so!

Nach weiteren Fragen zur Situation sprechen die Schlichterinnen die beiden Schüler auf ihre Beziehung zueinander an. Hierbei interessiert sie, wie lange sie den Streit schon haben (Z. 153), ob sie schon früher Streit hatten (Z. 156 u. Z. 174f.), wie lange sie sich schon kennen (Z. 157) und ob sie miteinander befreundet sind (Z. 166f). Die Schüler antworten stets knapp, so auch auf die letztgenannte Frage.

Sw1: Es geht.
Schl_w1: Also ganz normal.
Schl_w2: {ca. 3 Wörter leise und unverständlich} (..) Gab's auch schon vorher Streit mit euch beiden?
Sm1: Eigentlich >{leise} nicht<.
(..)
Schl_w1: Wie hast du dich denn gefühlt?

Im Rahmen der direkt anschließenden Empathieübung äußert Sm1 sogleich, dass er sich „einfach wütend" gefühlt habe (Z. 184), was Sw1 „ein bisschen" „nachvollziehen" kann (Z. 205). Auch Sm1 kann verstehen, dass Sw1 sich „blöd gefühlt hat bei dieser Sache" (Z. 207f). Auf die Frage, was er sich denn von Schülerin 1 wünsche, entgegnet der Junge (Z. 213f): „Dass sie aufhört und ähm, mi, mir so was tut und mich nicht mehr ärgert." Und Schülerin 1 wünscht sich, dass er ihr „nicht mehr hinterherrennt“ (Z. 218). Nachdem beide Streitparteien anscheinend mit einer Geste signalisieren, dass sie „damit“ einverstanden sind (Z. 222–224), entscheiden sie noch, dass sie „es in der Klasse“ klären (Z. 233), falls die Vereinbarung nicht eingehalten wird, und unterzeichnen folgenden Vertrag.

Schlichtungsvertrag

Streitpartei A Sw1

Streitpartei B Sm1

Weitere Streitparteien —

Schlichtungsgespräch am: 31.10.08

Vereinbarung/Lösung:

Sm1 will das Sw1 damit aufhört und Sw1 möchte das Sm1 aufhört

Was tun, wenn Vereinbarung nicht eingehalten wird:

Dann müssen wir es dem Lehrer bescheid sagen und es wird dann in der klasse geregelt.

Unterschrift A: Sw1

Unterschrift B: Sm1

Weitere Unterschriften: —

Dass die dort formulierte „Vereinbarung/Lösung“ substanzlos ist, weil eine Beschreibung dessen, womit „aufgehört“ werden soll, komplett fehlt, verwundert nicht. Denn bereits die Sichtweisendarstellung der beiden Schüler, die mehrfach mit der Bemerkung endet, dass Sw1 „gegen’n Lehrer geknallt“ sei, lässt sowohl vermuten, dass die Streitparteien ohne die Aufforderung durch den Lehrer[274] nicht zur Schlichtung gegangen wären, als auch, dass die Schüler keinen schwerwiegenden Konflikt haben. Dementgegen irritiert auf den ersten Blick, dass weder die Schlichterinnen in Anbetracht der Anlassschilderung die Frage stellen, ob denn überhaupt ein Streit zwischen den beiden Schülern vorliegt, noch die Streitparteien vorbringen, dass sie bloß zur Schlichtung abkommandiert wurden, weil Sw1 einen Lehrer angerempelt hat. Die Vermeidungslogik, die sich in diesem Gespräch ausformte, ist Ausdruck je individueller und dennoch rollengemäßer innerpsychischer Abwehrmechanismen.[275] Nach Laplanche und Pontalis geschieht Verdrängung „[…] in den Fällen, in denen die Befriedigung eines Triebes – der durch sich selbst Lust verschaffen kann – im Hinblick auf andere Forderungen Gefahr läuft, Unlust hervorzurufen.“[276] Während auf Schülerseite das Streiten als sich gegenseitiges Ärgern Nähe und damit Lust verschafft, drohen die Forderungen des Lehrers nach Einhaltung gängiger Verhaltensregeln Unlust hervorzurufen. Mit der Weiterleitung an die Schlichtung geht diese Struktur in die Schlichtungsinteraktion mit ein, sodass die Schüler mitspielen und nachgiebig zustimmen, dass sie „damit aufhören“. Komplementär dazu speist sich die Motivation der Schlichterinnen zu dieser Verdrängungsleistung aus der Gelegenheit, sich durch die Rolle des Streitschlichters schon im Schülerstatus den Lehrern anzugleichen. Wie sonst könnten sie auf diese Sichtweisendarstellungen skeptische Nachfragen unterlassen und anschließend die moralisierende, rhetorische Frage nach den Gefühlen stellen, die auf nichts anderes, als auf eine negative Nennung zielt, um so in der Folge die Unterbindung eines unerwünschten Verhaltens zu begründen? Dafür, dass die beiden Streitschüler keine größeren Probleme miteinander haben, spricht auch, dass keiner von ihnen das Verfahren instrumentell gegen den anderen wendet, wie es Sm1 in Schlichtungstranskript Nr. 9 getan hat.

274 Siehe zusätzliche Informationen zu Schlichtungstranskript Nr. 1, S. 10.

275 Siehe hierzu: Andreas: Negative Pädagogik. 2004, S. 168f. Und: Laplanche, Jean; Pontalis, Jean-Bertrand: Das Vokabular der Psychoanalyse. 1973, S. 24–33.

276 Laplanche, Jean; Pontalis, Jean-Bertrand: Das Vokabular der Psychoanalyse. 1973, S. 582.

Auf ähnliche Weise wie in Gespräch Nr. 1 lässt auch das, was in **Nr. 2** behandelt wird, die Sozialbeziehung zwischen der Schülerin und den beiden Schülern unberührt. Weil die Schlichterinnen die Chronologie der Übergriffe in den Sichtweisendarstellungen (z. B. Z. 127f) konsequent überhören, wird kein Schuldiger ermittelt, der irgendwann mit dem Streit angefangen hat. Dadurch erscheinen die Formen des Ärgerns als gleichwertige, was als Bedingung für den Abschluss des Deals angesehen werden kann. Auch hier enthält die „Vereinbarung/Lösung“[277] nicht mehr als das Gebot, ein Verhalten zu unterlassen, das gemeinhin unerwünscht ist und im Kontext Schule Störungen produziert.

Vereinbarung/Lösung:

Sm1 & Sm2 sollen auf hören ihr Teddy zu klauen.
Sw1 soll aufhören Sm1 zu schlagen.

Was tun, wenn Vereinbarung nicht eingehalten wird:

dann sollen wieder kommen.

Transkript Nr. 7 protokolliert ein Schlichtungsgespräch, das unter der Moderation eines Lehrers an einer Lernhilfeschule stattgefunden hat.[278] In ihm wird der Umgang eines Schülers mit einer Schülerin problematisiert, weil der Junge das Mädchen schubst und tritt. Ähnlich wie in

277 Der Vertrag befindet sich im Schlichtungstranskript Nr. 2 auf S. 17.

278 Die Streitschlichtung wurde dort nach dem Konzept von Anke Bunke eingeführt: „Mediation in dem Sinne, wie ich es in der vorliegenden Arbeit als Regelschulkonzept dargestellt habe, ist in Schulen für Lernhilfe durchführbar. [...] Notwendige Veränderungen finden daher nicht im Prinzip oder im Verfahren der Mediation statt, sondern in der konkreten, operativen Ausführung.“ Sie beinhalten eine verstärkte Unterstützung der Schüler bei der Beschreibung des Anlasses durch kleinschrittige Paraphrasierung und ständiges Nachfragen, die Zuhilfenahme strukturierender Medien, aber auch die Einschränkung der Freiwilligkeit der Teilnahme. Siehe Bunke, Anke: Die Erprobung eines Streitschlichterangebots an der Bürgermeister-Grimm-Schule. S. 32ff.

Transkript Nr. 9 bezüglich Sm2 gibt es auch hier Hinweise darauf, dass der Junge auf sich aufmerksam machen will, Kontakt sucht, aber hierzu unangemessene Mittel verwendet. Das Mädchen, das keinesfalls so ablehnend ist wie Schüler 1 in Nr. 9, schlägt im Anschluss an eine erste Schilderung der Umstände folgendes vor:

```
Sw1:    Ähm, einfach, ähm, wenn du schon eine Sache machst,
        solltest du auch nich gleich alles machen, also ich
        mein jetzt,    [damit (x)      {lacht}   ]
Sm1:                   [Oh beruhig dich Alter!  ]
Sw1:    (Jetzt) in der Pausen, nicht einfach treten, einfach
        normal sein und und wir können auch uns so hier auch
        aus dem Weg öh gehen und so alles.
```

Im weiteren Verlauf äußert Sm1, dass er sich von Sw1 genervt fühlt (Z. 249), weil sie „schreit“ (Z. 261) sobald sie mit ihren Freundinnen zusammen ist (Z. 270f). Auf eine Nachfrage des Lehrers an Schüler 1 (Z. 286–288), ob dies der Grund dafür sei, dass er Sw1 schlage und provoziere, entgegnet der Junge (Z. 289): „Nein ich trete sie einfach nur.“ Während Sm1 auf eine erneute Nachfrage seitens Lm1 (Z. 290) schweigt, eröffnet Sw1 in Z. 296 bis 303 einen genaueren Blick auf die Situation, der jedoch in der unmittelbar anschließenden Lösungssuche untergeht.

```
Sw1:    [Ich rede]           nur immer mit mit meinen
        Freundinnen und du kommst einfach so dazwischen oder
        wenn ich zum Beispiel mit anderen Jungs reden, wegen
        ich will was sagen oder so, kommst du einfach
        dazwischen und tretest mich und dann blamierst du
        mich immer und willst du mich versuchen zu blamieren,
        aber kannst du aber nicht. Und er versucht's jeden
        Tag und es fuckt mich eben ab.
Lm1:    Hmhm. Es nervt dich, ne?
Sw1:    Ja.
```

Lm1: >{leise} Ja.<
Sm1: Können sie mir hier zumachen?
Lm1: Sm1, (.) warum? (..) Du müsstest jetzt nochmal die
Aussagen vergleichen.
Sm1: Nein, nein, [nein.]
Lm1: [Was denn] hier, [nach Lösungen suchen.]
Sm1: [( ) , ja.]
Lm1: Also, dann geh ich hier mit unserem Pfeil runter {Ein
Foto des Ablaufplans mit Pfeil befindet sich im
Anhang.}, äh, wir haben jetzt gehört (.) sie, du re,
äh, Sw1
[würde zu]
Sm1: [Jaja!]
Lm1: laut reden und, aber dich nervt das und sie sagt, äh,
sie redet ja gar nicht mit dir.
(..)
Sm1: Sie können die ganze Klasse fragen, (ob) die schreit
Alter!
Sw1: [Na doch, klar!]
Lm1: [Na es geht jetzt um] (.) Sm1, es geht jetzt um
euch beide, [nicht um]
Sw1: [(x x)] hast nix bessres zu reden?
Sm1: {Spricht ca. 3 Wörter leise und unverständlich.}
Lm1: Es geht jetzt um euch beide, ja? Und jetzt (.) du
möchtest sie (.) du sagst es [ist jetzt soweit]
Sm1: [Ja, (x x x)]
Lm1: besprochen, jetzt suchen wir uns ne Lösung. (.) Gut
Sm1, dann hast du ne Idee für'ne Lösung, was man denn
tun könnte?
Sm1: >{leise} Ja ich (x x).< Aus dem Weg gehen, (so).
>{laut} Aus dem Weg.<
Lm1: Aus dem Weg gehen.
Sm1: Ja.
Lm1: Du mö, du sagst, dann geh ich ihr aus dem Weg?
Sm1: >{sehr leise} Ja.< ( )
Lm1: Sw1, was hast du denn für'ne Lösung?
Sw1: >{leise} Na, ich geh ihm auch dann aus dem Weg.<

Durch den Umbruch zur Lösungsphase wird eine weitere Ausdifferenzierung der Situation unterbunden. Auf diese Weise wird die Chance vertan, die körperlichen Übergriffe von Sm1 in ein anderes Licht zu rücken, obwohl die Aussagen Sw1' in Z. 296 bis 303 einen Hinweis darauf bieten, dass es sich bei dem Verhalten des Schülers um ungeschickte Versuche zur Kontaktaufnahme handeln könnte. Deshalb bleibt die Unterstellung aus Sw1' zu Beginn gegebener Anlassschilderung geltend, derzufolge Sm1 die Schülerin blamieren und provozieren möchte (Z. 98f). Ebenso sprechen die beiden Streitparteien an, dass andere Schüler in dieser Angelegenheit eine Rolle spielen (Z. 270 u. Z. 297f. u. Z. 322), doch verhindert Lm1 mit dem Kommentar „es geht jetzt um euch beide" (Z. 325f.) gleichermaßen eine Ausuferung der Schlichtung wie eine Erhellung der Zusammenhänge. Selbst wenn der Lehrer im bisherigen Verlauf stets Nachfragen, auch in Form von Paraphrasen, stellte und eine neutrale Haltung wahrte,[279] könnte an diesem Punkt bemängelt werden, er habe ganz einfach die Lösungssuche verfrüht eingeleitet. Dem ist im Sinne der Konzeptliteratur zuzustimmen. Gleichwohl sind ähnliche Übergänge schon in anderen Transkripten aufgetreten,[280] sodass sie etwas über die Prozesslogik von Streitschlichtung verraten: Mit dem Sprung zu einem der nächsten Schritte oder Unterpunkte im Verfahren werden Gespräche nicht bloß strukturiert, sondern beschränkt. Gegen den Anspruch der Konflikterhellung als Voraussetzung für eine bestmögliche Lösungsfindung wirken nicht nur Sachzwänge, wie die Begrenztheit der Zeit und die des Auffassungsvermögens der Beteiligten, sondern schon ihre Voreinstellung gegenüber den Streitanlässen. Denn diese will nicht mehr als die Unterbindung von Verhaltensweisen, die in der Schule zu Störungen geführt haben. Infolgedessen ist die Betrachtung von Streit in Nr. 1, 2, 3, 5, 6, 7 und 8 zwar stets eine zielgerichtete, aber zugleich oberflächliche. Dazu gehört auch, dass die auf die übergriffigen Handlungen gerichteten Empathieübungen zu rhetorischen Fragen werden. Wenngleich einige Schüler sich an diesen Stellen kurzzeitig widerspenstig verhalten,[281] so wird doch in *jedem* der Gespräche eine negative Gefühlsbenennung hervorgebracht, die für keine der Streitparteien eine grundlegend neue Einsicht bringt: Denn darin, dass

279 Trotz des Umstands, dass Sw1 um die Mediation gebeten hat (siehe zusätzliche Informationen zu Transkript Nr. 7, S. 17).

280 Beispiele für Umbrüche: Transkript Nr. 3 Z. 53f u. Z. 120; Transkript Nr. 9, Z. 364f.

281 Z. B. in Transkript Nr. 2, Z. 201–291; Transkript Nr. 3, Z. 58-228; Transkript Nr. 4, Z. 312–323.

ihre Handlungen bei den betreffenden Personen Ärger und Genervtheit hervorrufen, besteht nicht etwa ein Risiko, das sie ungern in Kauf nehmen, sondern die Intention, mit der sie diese ausführen.

Dadurch rückt die Streitschlichtung in die Nähe zur Schelte durch eine Lehrkraft bzw. einen Erwachsenen. So agieren die Streitschüler gemäß dem Ausspruch von Katzenbach: „Was sollten wir denn auch anderes tun, als unsere alten Beziehungserfahrungen in neuen Situationen mit neuen Beziehungspartnern zur Anwendung zu bringen.“[282] Deutlich wird das insbesondere dann, wenn die Schüler bereits tun, was gemäß des Ablaufplans der Schlichtung vorgesehen ist, obwohl ihnen noch niemand gesagt hat, was sie tun sollen.[283] Dass die Sache zu eindeutig ist, d.h. es „einfach“[284] um die Vermeidung unerwünschten Verhaltens geht, zeigt sich auch daran, dass sogar die Gespräche, in denen die Schlichter gegen die Leitsätze der Mediation verstoßen, gleichartige Lösungen produzieren (siehe Nr. 6 und 8).

In den Transkripten Nr. 4, 5, 6 und 8 bewerten die Schlichter offen Verhaltensweisen als falsch, geben auch Lösungen vor. Hierzu ein Ausschnitt aus Transkript **Nr. 6**:

---

282 Katzenbach, Dieter: Das Problem des Fremdverstehens. S. 325.

283 Ersichtlich wurde das in der Interpretation von Transkript Nr. 3 in Bezug auf die Zeilen 11 bis 22 sowie 38f, kann aber ebenso an den Eröffnungen der Transkripte Nr. 2 und Nr. 6 abgelesen werden.

284 Die Verwendung des Begriffs „einfach“ an Stellen, an denen eine Begründung im Sinne alltagspraktischer Routinen tatsächlich einfach ist, markiert zugleich den Sprung über komplexe soziale Zusammenhänge und ist daher nicht nur für die Vermeidungslogik der Streitschlichtung bezeichnend.
Siehe beispielsweise: Transkript Nr. 7, Z. 125; Nr. 9, Z. 341; Nr. 5, Z. 105f; Nr. 3, Z. 88; Nr. 1, Z. 120 u. 184.

Schl_m1: Mach eine Freude! Macht ein Duett! {Schl_m1 und Sm1 lachen.} Ermutige die Klasse mitzusummen! (.) Ja, das war jetzt nur so im Spaß gemeint, aber (.) du musst halt jetzt aufhören zu summen, solange du nicht im Einzeltisch sitzt (.) oder irgendwie (.) weg vom Menschen.

Schl_w1: Nicht summen! **{12:09}**

Schl_m1: Nicht (.) summen! [Du kannst summen in der Pause.]

Schl_w1: [{ca. 4 Wörter unverständlich}]

Schl_m1: Irgend egal wo summen, nur aber nicht im Unterricht. Weil es gibt auch andere Leute, die vielleicht was lernen möchten. Wie sie. Die kann noch kein Englisch, >{schnell} da muss (sie) ja (noch'n) bisschen lernen.<

Sm1: >{leise} Ich weiß.<

Schl_m1: [Deswegen.]

Schl_w1: [Du musst] auch lernen!

Sm1: Ich weiß.

Schl_m1: Und (.) summt er den ganzen Tag oder nur wenn dir langweilig ist, egal in welcher Unterricht?

(..)

Schl_w1: Sagen die Lehrer nix dazu?

Sm1: Die hören's nicht.

?: >{leise} Hmhm.<

Sm1: >{leise} Das ist ja die Hauptsache.<

Schl_m1: Aber kannst vergessen, die Lehrer sind 60, die haben'ne Hörschädigung. {lacht} Das stimmt ja auch. Ja und öhm, ja (.) Summen hin oder her, >{lachend} was ist die Lösung?< (x)

Schl_w1: Ja, eine hab ich schon. Vielleicht könnten (.) sich die beiden [auseinander setzen.]

Schl_m1: [Auseinander setzen], aber [solange ( )]

Schl_w1: [Und Sm1 sollte aufhören] zu summen.

Während die Schlichtungsgespräche Nr. 6 und 8 sich nach dem Ablaufschema richten und eine den anderen Sitzungen ähnliche Lösung hervorbringen, spricht Schlichter 1 direkt in den ersten Zeilen von Transkript **Nr. 5** eine Zurechtweisung aus. Das Schlichtungsgespräch hat von Anfang an den Charakter einer Rechtsbelehrung und führt entsprechend zu keinem Deal zwischen den beiden Parteien. Hierzu zwei Ausschnitte:

Schl_wl: Also, (.) wer seid ihr denn? (.) Sml und [Swl]
Swl: [Swl].
Schl_wl: Ich bin Schl_wl.
Schl_ml: Schl_ml.
Schl_wl: >{leise} Mach du Regeln. Ich hasse Regeln.<
Schl_ml: Ja, ich hoffe ihr kennt die Regeln, wir haben uns letzte Woche schon gesehen oder schon in dieser Woche (.) u-nd ähm, (.) erzählt was passiert ist! (.) Schon wieder.
Sml: Er beleidigt mich immer.
Swl: {lacht}
Sml: Kuck mal [jetzt!]
Schl_ml: [Nein] nein Swl.
Sml: Äh äh unsere (.) unsere Lehrerin hat gesagt er soll nicht äh Schokolade s sagen, aber gestern hat er nochmal Schokolade gesagt. Ich (x)
Schl_ml: Hör mal kurz zu! (4 Sek.) Wieso sagst du Schokolade?
Swl: Ich hab den nicht gesagt, der Sm2 hab ich den gesagt.
Sml: Du hast [auch zu mir Schokolade]
Swl: [Vielleicht hörst du] schlecht.

[…]

Schl_ml: Hast du zu jemand anderes Schokolade gesagt, [der dunkelhäutig ist?]
Swl: [Ja, weil der mir fette] Sau gesagt!
Sml: Ja die kann was anderes sagen, nicht äh Schokolade halt.
(..)
Swl: Also wenn äh für mich das schlimm ist, dann kann ich auch sagen, was für den schlimm ist.

(..)
Schl_m1: >{leise} Da hat sie Recht.< (2 Sek.) Ja. (..)
Schokolade hin oder her, fette Sau hin oder her, (.)
ähm, das sind einfach nur so Beleidigungen, die dürft
ihr einfach nedd sagen! Auch wenn dich jemand
beleidigt. Dann sag einfach OK, was soll's
[(und) sag, du sollst ruhig sein!]
Schl_w1: [Und hör einfach nicht drauf,] was die anderen
sagen.
Schl_m1: Oder wenn du, wenn du sagst, wenn du zurück
beleidigst, bist du jetzt schuldig. Dann hast du die
Schuld am Ende, weil du was gesagt hast. (x x), nur
als Beispiel, du hast gesagt zu der jetzt fette Sau
oder so. Dann bleibst du ruhig, gehst weg und nach
fünf Minuten ist schon hat Sm1 Schuld. Dann gehst du
zu Lehrerin und sagst, Sm1 hat mir fette Sau gesagt.
Dann hast du [Recht und der hat Unrecht.]

Bisher unerwähnt blieb Schlichtungsgespräch **Nr. 4**, obwohl dieses nicht nur mit einer Dauer von 34 Minuten, bzw. 42 Seiten Text, das umfangreichste in der Sammlung ist, sondern als einziges eine konstruktive Lösung hervorbrachte. Nichtsdestoweniger kann gerade der Ablauf dieser Streitschlichtung als Beleg für die Vermeidungslogik angeführt werden, die sich durch die Anwendung der Sozialtechnik im Kontext von Schule ergibt. Denn auch hier wird zu Beginn ein Streitanlass geschildert, der sich auf eine überschaubare Abfolge gemeinhin unerwünschter Übergriffe beschränkt; nämlich eine Serie von Beleidigungen und eine daran anschließende Prügelei, die letztlich von einem Lehrer gestoppt wird (Z. 94–122 u. Z. 128–147). Nach den ersten klärenden Fragen zu dieser Situation und dem Rauswurf zweier unbequemer Zuschauererinnen bewertet der Schlichter erstmals im Gespräch eine Handlung von Sm1 als „nicht gut" (Z. 292). Entsprechend eindringlich gestaltet sich auch die Empathieübung, in der Sm1 deutlich macht, dass er sich einfühlen kann (Z. 315 u. 328f). Nachfolgend kommt es zu erneuten Bewertungen der Situation durch die Streitschlichter (Z. 349f u. 432–436) sowie zu dem Hinweis, dass Schl_m1 einen engen Kontakt mit der Lehrerin pflegt, die die beiden Schüler zur Schlichtung geschickt hat.

Schl_ml: So, jetzt hört mir mal zu, weil (.) *Lwl* (.) ist meine
Deutschlehrerin und Kunstlehrerin. Ich rede jeden Tag
mit der und weiß, was sie, was mit euch beiden los
ist. (..) *Und* sie hat mich schon vorher vorgewarnt.
(.) Ihr beide tut einen auf beste Freunde, aber wenn
ich {ca. 3 Wörter unverständlich}
Schl_wl: [ca. 3 Wörter unverständlich]
Schl_ml: [>{laut} Ihr tut einen auf] beste Freunde, aber wenn
(wir) so weiter aus der Klasse seid oder (noch) mehr
in der Klasse, macht ihr ein Theater, das nedd mehr
normal is. Ihr prügelt euch, ohne (x) Sinn und
Verstand,
Schl_wl: {ca. 2 Wörter unverständlich}
Schl_ml: ihr beleidigt euch,< =
Schl_wl: = Ja. =
Schl_ml: = hetzt euch Freunde aufeinander. =
Sml: = Das machen wir [( )]
Schl_wl: [OK, warte!]
Schl_ml: [Ja,] Moment!
Sm?: >{leise} OK, OK.<
Schl_ml: Aber, (.) das ist, das nennt man nicht mehr Freunde,
das nennt man einfach nur (.)
Sml: >{leise} Brutal.<
Schl_ml: Zeitvertreib. Ich muss meine Energie an jemand
anderen loslassen.

Anschließend wird immer mehr herausgearbeitet, was die beiden Parteien schon in ihren ersten (Z. 95, 128 u. 139) und zweiten Sichtweisendarstellungen gesagt haben (Z. 329f u. 337–343), nämlich dass weitere Mitschüler in der Angelegenheit eine Rolle spielen. Nach zwei Auflehnungen von Sm1, die sich auch gegen den Gebrauch des Freundschaftsbegriffs der beiden Schlichter richten (Z. 464–484 u. Z. 526–552), äußert er:

```
566 Sm1:                [Unsere Freunde,] wir verstehen uns, aber
567             unsere Freunde, die zwingen uns, gegeneinander zu
568             kämpfen.
569 Schl_ml:    [>{laut} Das ist, ah, (jetzt haben wir schon) ein
570             ganz anderes Licht!<]
571 Schl_wl:    [ ( )                              ja, Freunde!   ]
572 Schl_ml:    Jetzt haben wir (.) Freunde. (.) Freunde! Was, wieso
573             Freunde?
```

In der Bemerkung der Schlichterin (Z. 594–596), es sei allein die Entscheidung der Parteien und nicht die ihrer Freunde, ob sie sich prügeln, kommt die Ahnung zum Ausdruck, dass diese Streitigkeit sich nicht durch den gängigen Deal, in dem die Schüler geloben ihre jeweilige Aggressionsform einzustellen, aufheben lassen wird. Dass sie „eigene Entscheidungen haben" wiederholt Schl_w1 im weiteren Verlauf mehrfach (Z. 620f u. Z. 692f) und will diesen Hinweis als Lösung durchsetzen. Doch Sm1 lehnt ab.

```
723 Schl_wl:    Ja oder nein, schaffst du das? Zu sagen, ja das ist
724             meine Entscheidung, ihr könnt doch [nicht mir das]
725 Sm1:                                          [Mhmh.]
726 Schl_wl:    Nicht?
727 Schl_ml:    [Nein.]
728 Sm1:        [Es gibt] so'n F, so'n Sm5, wenn ich ei, wenn ich dem
729             widerspreche br, der wollt mich mal um der (.) Mensa
730             mit (.) zusammenhauen. Da kam sogar ne Lehrerin, {Sm2
731             lacht.} >{lachend} die hat ihn von mir< weggeschubst.
732 Schl_wl:    Jaja.
733 Sm1:        Weggeflogen!
734 Schl_wl:    Das ist dann ein anderer, ein (Kompled) oder so was,
735             ge? Muss man jetzt anders (regeln).
736 {Schl_ml hustet.}
737 Sm1:        Er wollte mich fast mal mit'nem Teller hauen.
```

Ebenso, wie Sm1 hier als neuen Sachverhalt einbringt, dass Sm5 ihn fast mit einem Teller geschlagen habe, fügt er später hinzu, dass jener ihn erpresse (Z. 827ff) und es darüber hinaus einen „perversen" Achtklässler gäbe, von dem er ebenfalls schon geschlagen, aber auch gefesselt (Z. 1003ff) und sexuell belästigt worden wäre (Z. 1031ff).

Vor diesem Hintergrund sowie der Äußerung von Sm2, dass Schüler 1 in ihrer Klasse die Opferrolle inne habe (Z. 1132f) – was Sm1 bejaht und erklärt, dass er von jedem Schläge bekomme (Z. 1137), sogar von den Mädchen (Z. 1139) – wendet sich Schl_w1 schließlich mit dem Ausruf „Ja! Du kannst dem'n bisschen helfen." an Schüler 2 (Z. 1148).

Die Streitschüler beschreiben vor dem Hintergrund, dass die Klassenlehrerin sie zur Schlichtung geschickt hat,[285] eine Serie von unerwünschten Verhaltensweisen, die Schl_w1 und Schl_m1 wegzuschlichten versuchen. Wie schon erwähnt ist daher auch dieses Gespräch, das eine konstruktive Lösung hervorbringt, von der Absicht geprägt, Fehlverhalten zu fokussieren und abzustellen.

Im Unterschied zu den anderen Sitzungen tritt in dieser Konstellation jedoch ein Schüler auf, der ständig weitere Sachverhalte in die Darstellung der Situation einbringt und sich zusätzlich quer stellt, indem er die Vorschläge der Schlichter mehrfach ablehnt. Dadurch, dass er eine ganze Latte von Problemen aufführt und betont, er könne gegen diese nicht alleine angehen, überlastet er die Vermeidungslogik und bringt sie zum Kippen: Die Schlichter fordern die Schüler zu Charakterstärke und Zusammenhalt auf.

285 Siehe hierzu zusätzliche Informationen zu Schlichtungstranskript Nr. 4, S. 42.

Schlichtungsvertrag

Streitpartei A Sm2

Streitpartei B Sm1

Weitere Streitpart

Schlichtungsgespräch am: 26.11.08

Vereinbarung/Lösung:

- die beiden sagen ihre Freunde,
dass sie eigene Entscheidungen
haben
- Sm2 versucht Sm1 zu helfen
Er soll ihm helfen

Was tun, wenn Vereinbarung nicht eingehalten wird:

kommt nochmal

Unterschrift A: Sm2

Unterschrift B: Sm1

Weitere Unterschriften:

In der Transkriptsammlung enthaltene Typen von Schlichtungsverläufen

Oberflächliche Vermeidung	Ausufernde Vermeidung	Umkehrung der Vermeidung
Typ 1: Zielgerichtetes Unterbinden unerwünschter Verhaltensweisen:	**Typ 2:** Konfliktvermeidung durch Distanzierung	**Typ 3:** Überlastung der Vermeidungslogik
Schüler und Schlichter fokussieren in den Anlassschilderungen ausschließlich Fehlverhalten und bringen in Bezug auf dieses negative Gefühlsbezeichnungen hervor. Während das Verfahren sich daher auf die Unterbindung eines kleinen Handlungsspektrums beschränkt, bleibt die Sozialbeziehung zwischen den Streitparteien weitgehend unberührt. **Transkripte Nr. 1, 2, 3, 5, 6, 7, 8** Sonderformen: - *Verlagerung von Streit* Zur Beschreibung siehe S. 130 (Transkript Nr. 3) - *Streitschlichtung als Rechtsbelehrung* (Transkript Nr. 5)	Zur Beschreibung siehe S. 145 **Transkript Nr. 9**	Die zu Beginn vorgenommene Fokussierung und gezielte Behandlung unerwünschter Verhaltensweisen kann nicht zu Ende gebracht werden, weil eine Partei sich der Umgrenzung der Problemlage widersetzt. Um dennoch gegen diese anzukommen, fordern die Schlichter die Streitenden zu Selbstbestimmung und Zusammenhalt auf. **Transkript Nr. 4**

III Abschließende Überlegungen

Auch wenn viele Aspekte an den Transkripten unbetrachtet blieben und auf weitere Untersuchungen warten, konnte die Fallstrukturgesetzlichkeit von Streitschlichtung als Vermeidungslogik rekonstruiert werden. Das mag zunächst als trivial erscheinen, wirbt das Verfahren doch damit, bei der Befriedung von Streitigkeiten zu helfen und daher Gewalt zu vermeiden. Dass jedoch viel mehr als bloß Gewalt vermieden wird, zeigen schon die Vereinbarungen in den Verträgen und noch stärker die im letzten Abschnitt durchgeführten Analysen: Bevor das Konzept mitsamt seinen Regeln und dem Ablaufschema den Blick auf die soziale Gewordenheit und die Logik der Streitigkeiten freigibt, zieht es zunächst die Aufmerksamkeit auf sich. Mit den Formulierungskatalogen und den abzuarbeitenden Punkten eröffnet die Streitschlichtung ebenso einen Raum zur Behandlung der Angelegenheiten, wie es gerade diese gelernten, vorformulierten Fragen und Schritte sind, die den Blick auf die einzelnen Situationen präformieren, ihn einzuschränken drohen und einen willkommenen Zeitdruck installieren. So konnte im Durchgang durch die Transkripte neben der Fixierung auf ausgewählte Übergriffsformen gezeigt werden, dass der Sprung zu einem der nächsten Punkte im Ablaufschema von den Schlichtern gerne dann angewandt wird, wenn unangenehme, eine Person verletzende, Sachverhalte angesprochen wurden oder sich abzeichnete, dass die Geschehnisse weitläufiger sind und nicht bloß die beiden Streitparteien betreffen. Ohne dass die Beteiligten sich der Schwerkraft des Verfahrens, die durch seine Positionierung in der Institution Schule noch verstärkt wird, bewusst sind, verhindert die Technik das Aufschließen der jeweiligen Situationen und letztlich auch die Wachsamkeit dafür, ob es aus Sicht der Streitenden überhaupt notwendig ist, ihren Umgang so zu bearbeiten. Stattdessen besteht ein Drang zur Produktion von sozial erwünschten Lösungen, die sich aber zumeist auf die rhetorische Einholung von Besserungsabsichten belaufen und dementsprechend oberflächlich bleiben.

Weil nur das in die Schlichtung hineingetragen wird, was zuvor als etwas Störendes wahrgenommen wurde – gleich, ob es die Schüler selbst oder die Lehrer störte – und die Architektur des Verfahrens diese Ablehnung noch verstärkt, bringt die Streitschlichtung zumeist keine konstruktiven Lösungen hervor. Im Gegenteil: Gerade in den Fällen, in denen sie nahe an den Vorgaben der Konzeptautoren durchgeführt wurde, entwickelte sich eine starke Eigendynamik in Richtung des „Weg-von".

> „»Motivation« schließlich ist [...] für mich kein von den übrigen Affektfunktionen getrenntes Phänomen, sondern ein integrierender Aspekt der allgegenwärtigen Operatorwirkung der Affekte. So sind »negativen Gefühlen« wie Angst, Haß, Wut und Trauer von vornherein unterschiedliche Impulse im Sinn eines »Weg-von« eigen, während »positive Gefühle« ipso facto mit einer Motivation des »Hin-zu« einhergehen."[286]

Zum zweischneidigen Schwert wird das insbesondere bei der Behandlung von Anlässen, in denen die Streitformen zwar als gegenseitiges Ärgern von den Streitparteien versprachlicht werden, zugleich aber dem Kontaktaufbau dienen. Daher wird mit „konstruktiven" Lösungen nach den Mustern „Schüler 1 soll mit X aufhören und Schüler 2 darf nicht mehr Y." sowie „Sie gehen sich aus dem Weg." zwangsläufig die Sozialbeziehung zwischen den Streitenden ausgedünnt. Nicht bloß die Ergebnisse dieser Untersuchung, sondern auch die anderer Autoren sprechen dafür, dass derartige Anlässe und Ergebnisse die Regel sind;[287] es also nicht um misslungene Verhandlungen über die Nutzung von Büchern und Computern geht (Johnson und Johnson).

Mit diesem Gedankengang werden keineswegs die physischen und psychischen Übergriffe in den Streitigkeiten der Heranwachsenden romantisiert und verharmlost. Doch zeigt sich deutlich, dass Schlichtung an den Stellen, an denen sie etwas weggenommen hat, keinen Ausgleich setzt.

> „Jede Zivilisierung des Triebes, die keine Versöhnung des Triebes mit der gesellschaftlichen Norm enthält, geschieht mit teilweise beträchtlichen Kosten im Sinne psychischer Verschiebung und Verdrängung. Der zivilisierte Mensch lebt nicht in einer menschlichen Gesellschaft. Deswegen schlummern unter der unterdrückten Fassade aggressive Momente fort, und sie suchen nach einem Ventil. [...]
> Der zivilisatorische Fortschritt wird zwar deutlich in der Abtretung des individuellen Rechtes auf körperliche Aggression an den Staat, weswegen Lynchjustiz allen zivilisierten Menschen ein barbarischer Rückfall bedeutet. In einem emphatischen Sinne ist die Gesellschaft deswegen keineswegs zivilisiert. Im Gegenteil: In der modernen Zivilisation hat sich der Aggressionstrieb gleichsam technologisch verselbständigt."[288]

---

286 Ciompi, Luc: Die emotionalen Grundlagen des Denkens. 2005, S. 275.

287 Siehe hierzu beispielsweise die Auswertung von Schlichtungsverträgen in: Engert, Ingrind: Mediation im Kontext Schule. 2001, S. 228f.

288 Gruschka, Andreas: Negative Pädagogik. 2004, S. 257.

Die Schwierigkeiten der Heranwachsenden, sich der Ausdünnung ihrer Beziehungen durch die Sozialtechnik zu widersetzen, entsprechen denen der zivilisierten Erwachsenen, die Mechanismen der Vergesellschaftung kritisch zu durchleuchten: Sie beruhen auf der bedrängenden Verbundenheit der positiven Moral der Gesellschaft mit den Errungenschaften des technischen Fortschritts.

Statt diesen Zusammenhang behutsam aufzuarbeiten, vermeiden es Konzeptautoren wie Forscher, den Begriff des Streits umfassend zu analysieren, und nehmen Mitarbeiter in Schulen Unwägbarkeiten in Kauf, indem sie ein Konzept einführen, dessen Funktionsweise zwar weitgehend unerforscht ist, das aber die Beseitigung von unliebsamem Schülerverhalten verspricht.

Letztlich drängt sich die Vermutung auf, dass sich noch niemand die Verläufe und Ergebnisse von Streitschlichtungssitzungen näher angesehen hat, weil insgeheim gewusst wird, dass die „Versöhnung des Triebs mit der gesellschaftlichen Norm" nicht durch die Anwendung einer Technik erreicht werden kann. Belegt wird das gerade durch die Schlichtungssitzung, die ein konstruktives Ergebnis hervorgebracht hat, weil die Beteiligten sich über die Vorschriften des Verfahrens hinweggesetzt haben.

Literaturliste:

Adorno, Theodor W.: *Anmerkungen zum Sozialen Konflikt heute.* In: Tiedemann, Rolf (Hrsg.): Soziologische Schriften I. Suhrkamp-Verlag. Frankfurt am Main, 2003. S. 177–195.

Beck, Ulrich: *Wie wird Demokratie im Zeitalter der Globalisierung möglich? – Eine Einleitung.* In: Beck, Ulrich (Hrsg.): Politik der Globalisierung. Suhrkamp-Verlag. Frankfurt am Main, 1998. S. 7–66.

Behn, Sabine; Kügler, Nicolle; Lembeck, Hans-Josef u.a.: *Mediation an Schulen. Eine bundesdeutsche Evaluation.* VS Verlag für Sozialwissenschaften. Wiesbaden, 2006.

Bennet, Jonathan: *A Philosophical Guide to Conditionals.* Oxford University Press Inc. New York, 2003.

Blome, Susanne; Fürstenow, Marko; Janoschka, Thomas; Kalis, Angela; Schilden, Bert: *Peer-Mediation. Ein Trainingshandbuch für die Sekundarstufe 1.* Books on Demand GmbH. Norderstedt, 2009.

Braun, Günther; Püttmann, Ulla: *Kinder bauen Brücken zueinander. Das Bensberger Mediations-Modell in Kindertagesstätten.* Thomas-Morus-Akademie. Bensberg, 2005.

Braun, Günther; Schmiegel, Kathleen; Schuster-Mehlich, Gaby: *Konflikte lösen lernen. Das Bensberger Mediations-Modell in Förderschulen.* Thomas-Morus-Akademie. Bensberg, 2009.

Bründel, Heidrun; Birgit, Amhoff; Deister, Christiane: *Schlichter-Schulung in der Schule. Eine Praxisanleitung für den Unterricht.* borgmann publishing. Dortmund, 1999.

Breidenbach, Stephan; Falk, Gerhard: *Einführung in Mediation.* In: Falk, Gerhard; Heintel, Peter; Krainz, Ewald E. (Hrsg.): Handbuch Mediation und Konfliktmanagement. Schriften zur Gruppen- und Organisationsdynamik 3. VS Verlag für Sozialwissenschaften. Wiesbaden, 2005. S. 259–270.

Bund Deutscher Schiedsmänner und Schiedsfrauen e.V. (Hrsg.): *Das Verfahren vor dem Schiedsamt/ Der Schiedsstelle.* Heft Nr. 2. Bochum, 2009. (Download als pdf-Datei unter: http://www.schiedsamt.de/fileadmin/gst/Info-Schriften/Heft-Nr.2_01.pdf – zuletzt aufgerufen am 28. Juni 2011)

Bund Deutscher Schiedsmänner und Schiedsfrauen e.V. (Hrsg.): *Über die Bedeutung der vorgerichtlichen Streitschlichtung und die Arbeit der Schiedsämter/ Schiedsstellen und Schiedspersonen.* Heft Nr. 1. Bochum, 2008. (Download als pdf-Datei unter: http://www.schiedsamt.de/fileadmin/gst/ Info-Schriften/Heft-Nr.1.pdf–zuletzt aufgerufen am 28. Juni 2011)

Bunke, Anke: *Die Erprobung eines Streitschlichterangebots an der Bürgermeister Grimm-Schule unter besonderer Berücksichtigung der Unterschiede zu Regelschulkonzepten.* Pädagogische Prüfungsarbeit zur Zweiten Staatsprüfung für das Lehramt an Sonderschulen im Lande Hessen. Eingereicht dem Studienseminar für Grund-, Haupt-, Real-, und Sonderschulen in Frankfurt am Main. (Download als pdf-Datei unter:

http://www.uni-koblenz.de/~proedler/streitsch.pdf – zuletzt aufgerufen am 28. Juni 2011)

Caesar, Victoria: *Verbreitung, Umsetzungspraxis und Wirksamkeit von Peer-Mediation im Kontext schulischer Gewaltprävention.* Inauguraldissertation zur Erlangung des Doktorgrades der Erziehungswissenschaftlichen Fakultät der Universität zu Köln. Köln, 2003. (Downlad als pdf-Datei unter: http://deposit.d-nb.de/cgi-bin/dokserv?idn=972279180&dok_var=d1& dok _ext=pdf&filename=972279180.pdf – zuletzt aufgerufen am 29. Juni 2011)

Cialdini, Robert B.; Guadagno, Rosanna E.: *Sequential Request Compliance Tactics.* In: Seiter, John S.; Gass, Robert H. (Hrsg.): Perspectives on Persuasion, Social Influence, and Compliance Gaining. Pearson Education. Boston, 2004. S. 207–222.

Ciompi, Luc: *Die emotionalen Grundlagen des Denkens. Entwurf einer fraktalen Affektlogik.* Vandenhoeck & Ruprecht. Göttingen, 2005.

Ciompi, Luc: *Gefühle, Affekte, Affektlogik.* Wiener Vorlesungen. 2. Aufl. Picus-Verlag. Wien, 2007.

Derrida; Jaques: *Gesetzeskraft. Der »mythische Grund der Autorität«.* Suhrkamp-Verlag. Frankfurt am Main, 1991.

Deutsch, Morton: *A Theory of Co-operation and Competition.* April, 1949. In: Human Relations. Studies towards the Integration of the Social Sciences. Vol. II. Tavistock Publications. London, 1949. S. 129–152.

Ehninger, Frank; Perlich, Marion; Schuster, Klaus-Dieter: *Streitschlichtung und Umgang mit Gewalt an Schulen.* 4., vollst. überarb. Aufl. Friedrich Ebert Stiftung. Haldensleben, 2007.

Engert, Ingrind: *Mediation im Kontext Schule. Von der Euphorie zur Qualitätssicherung und Nachhaltigkeit.* In: Simsa, Christiane; Schubarth, Wilfried (Hrsg.): Konfliktmanagement an Schulen – Möglichkeiten und Grenzen der Schulmediation. Deutsches Institut für Internationale Pädagogische Forschung. Frankfurt am Main, 2001. S. 221–234.

Falk, Gerhard; Pruckner, Martina: *Rechtsgrundlagen der Mediation.* In: Falk, Gerhard; Heintel, Peter; Krainz, Ewald E. (Hrsg.): Handbuch Mediation und Konfliktmanagement. Schriften zur Gruppen- und Organisationsdynamik 3. VS Verlag für Sozialwissenschaften. Wiesbaden, 2005. S. 113–127.

Fisher, Roger; Ury, William; Patton, Bruce: *Getting to yes. Negotoating an agreement without giving in.* Random House Businenn Books. London, 1999.

Frank, Maria; Klären, Peter; Klein, Jutta: *Peermediation im Pallotti-Haus. Ein Projekt mit sozial herausgeforderten Jugendlichen um Konflikte gewinnbringend und gewaltfrei zu lösen.* Dr. Hänsel-Hohenhausen Verlag der deutschen Hochschulschriften. Frankfurt am Main, 2009.

Friebertshäuser, Barbara: *Feldforschung und teilnehmende Beobachtung.* In: Friebertshäuser, Barbara; Prengel, Annedore (Hrsg.): Handbuch Qualitative Forschungsmethoden in der Erziehungswissenschaft. Juventa-Verlag. Weinheim und München, 2003. S. 503–534.

Fuchs, Marek; Lamnek, Siegfried; Luedtke, Jens u.a.: *Gewalt an Schulen.* 2. überarb. und aktual. Aufl. VS Verlag für Sozialwissenschaften. Wiesbaden, 2009.

Fürstenau, Peter: *Zur Psychoanalyse der Schule als Institution.* In: Furck, Carl-Ludwig (Hrsg.): Zur Theorie der Schule. Verlag Julius Beltz. Weinheim, Berlin, Basel, 1969. S. 925.

Glasl, Friedrich: *Konfliktmanagement. Ein Handbuch für Führungskräfte, Beraterinnen und Berater.* 6., erg. Aufl. Verlag Paul Haupt. Bern, 1999.

Grimm Jacob; Grimm Wilhelm: *Deutsches Wörterbuch.* Deutscher Taschenbuch Verlag GmbH & Co. KG. München, 1984.

Großeholz, Vera: *Konflikterziehung an Grundschulen.* Institut für berufliche Bildung- und Weiterbildung e.V. Göttingen, 2005. (Download als pdf-Datei unter:http://www.bildunglsa.de/pool/schulqualitaet/15_konflikterziehung.pdf – zuletzt aufgerufen am 29. Juni 2011)

Gruschka, Andreas: *Auf dem Weg zu einer Theorie des Unterrichtens. Die widersprüchliche Einheit von Erziehung, Didaktik und Bildung in der allgemeinbildenden Schule. Vorstudie.* Fachbereich Erziehungswissenschaften der Johann Wolfgang Goethe-Universität. Frankfurt am Main, 2005.

Gruschka, Andreas: *Bürgerliche Kälte und Pädagogik. Moral in Gesellschaft und Erziehung.* Büchse der Pandora Verlags-GmbH. Wetzlar, 1994.

Gruschka, Andreas: *Negative Pädagogik. Einführung in die Pädagogik mit Kritischer Theorie.* Büchse der Pandora Verlags-GmbH. Wetzlar, 2004.

Gruschka, Andreas: *Über moralische Lektionen und das Problem der Moralerziehung.* In: Pädagogische Korrespondenz. Zeitschrift für kritische Zeitdiagnostik in Pädagogik und Gesellschaft. Heft 8. Büchse der Pandora Verlags-GmbH. Wetzlar, 1991. S. 5–18.

Gruschka, Andreas: *Verstehen lehren. Ein Plädoyer für guten Unterricht.* Reclam-Verlag. Stuttgart, 2011.

Gruschka, Andreas: *Wenn zwei sich streiten, freut sich der Dritte.* In: Pädagogische Korrespondenz. Zeitschrift für kritische Zeitdiagnostik in Pädagogik und Gesellschaft. Heft 35. Büchse der Pandora Verlags-GmbH. Wetzlar, 2006. S. 54–65.

Haak-Wegner, Renate; Schrör, Cordula: *Einführung der Streitschlichtung in einer Schule. Praxisforschung im pädagogischen Feld.* Akademie für Arbeit und Politik der Universität Bremen. Bremen, 2005.

Haft, Fritjof: *Verhandlung und Mediation.* In: Haft, Fritjof (Hrsg.): Handbuch Mediation. 2. Aufl. Verlag C.H. Beck. München, 2009. S. 69–80.

Hagedorn, Ortrud: *Konfliktlotsen. Lehrer und Schüler lernen die Vermittlung von Konflikten.* Klett Schulbuchverlag. Leipzig, 1996.

Hartig, Christiane: *Auswirkungen der Tätigkeiten von Schülerstreitschlichtern. Fallstudie an einer Mittelschule im Kontext des Standes von Mediationsprojekten in Sachsen.* Tectum-Verlag. Marburg, 2006.

Hehn, Marcus: *Entwicklung und Stand der Mediation – ein historischer Überblick.* In: Haft, Fritjof (Hrsg.): Handbuch Mediation. 2. Aufl. Verlag C.H. Beck. München, 2009. S. 175–196.

Herzog, Beate: *Unsere Schule streitet mit Gewinn. Alltagskonflikte und ihre Mediation.* Vandenhoeck & Ruprecht. Göttingen, 2007.

Hessisches Kultusministerium (Hrsg.): *Hessisches Schulgesetz.* In der ab 1. August 2005 geltenden Fassung. Wetzlar, 2005.

Horkheimer, Max: *Traditionelle und kritische Theorie.* In: Schmidt, Alfred (Hrsg.): Max Horkheimer. Gesammelte Schriften Band 4: Schriften 1936–1941. S. Fischer Verlag. Frankfurt am Main, 1988. S. 162–225.

Horst, Peter M.: *Die Kosten der Mediation.* In: Haft, Fritjof (Hrsg.): Handbuch Mediation. 2. Aufl. Verlag C.H. Beck. München, 2009. S. 1147–1172.

Jefferys-Duden, Karin: *Das Streitschlichter-Programm. Mediatorenausbildung für Schüler/innen der Klassen 3 bis 6.* 3. Aufl. Belz Verlag. Weinheim und Basel, 2008.

Jefferys-Duden, Karin: *Das neue Streitschlichterprogramm. Lehrerband mit Kopiervorlagen. Sekundarstufe I.* 1. Aufl. Persen Verlag GmbH. Horneburg, 2005.

Jefferys-Duden, Karin: *Das neue Streitschlichterprogramm. Trainingsheft.* 3. Aufl. Persen Verlag GmbH. Buxtehude, 2009.

Jefferys-Duden, Karin: *Konfliktlösung und Streitschlichtung. Das Sekundarstufen-Programm.* Belz Verlag. Weinheim und Basel, 2000.

Jefferys, Karin; Noak, Ute: *Streiten, Vermitteln, Lösen. Das Schüler-Streit-Schlichter-Programm für die Klassen 5-10.* 2. Aufl. AOL-Verlag. Lichtenau, 1998.

Johnson, David W.; Johnson, Roger T.: *Teaching Students To Be Peacemakers.* Interaction Book Company. Edina, 1995.

Jornitz, Sieglinde: *Der Trainingsraum: Unterrichtsstörung als Bumerang.* In: Pädagogische Korrespondenz. Zeitschrift für kritische Zeitdiagnostik in Pädagogik und Gesellschaft. Heft 33. Büchse der Pandora Verlags-GmbH. Wetzlar, 2005. S. 98–117.

Kaeding, Peer; Richter, Jens; Siebel, Anke; Vogt, Silke (Hrsg.): *Mediation an Schulen verankern. Ein Praxisbuch.* Belz Verlag. Weinheim und Basel, 2005.

Kantereit, Tim: *Streitschlichtung in der Schule. Konzepte und Praxis unter der pädagogischen Lupe.* Martin Meidenbauer Verlagsbuchhandlung. München, 2008.

Katzenbach, Dieter: *Das Problem des Fremdverstehens. Psychoanalytische Reflexion als Beitrag zur Professionalisierung geistigbehindertenpädagogischen Handelns.* In: Wüllenweber, Ernst (Hrsg.): Soziale Probleme von Menschen mit geistiger Behinderung. Fremdbestimmung, Benachteiligung, Ausgrenzung und soziale Abwertung. Kohlhammer. Stuttgart, 2004. S. 323–333.

Klauß, Anna-Lena: *Neue Erziehung in der Schule: Streitschlichtung und Trainingsraum. Beobachtungen und Befragungen an einer Integrierten Gesamtschule.* Diplomarbeit im Fachbereich Erziehungswissenschaften. Johann Wolfgang Goethe-Universität. Frankfurt am Main, 2008.

Kracht, Stefan: *Rolle und Aufgabe des Mediators – Prinzipien der Mediation.* In: Haft, Fritjof (Hrsg.): Handbuch Mediation. 2. Aufl. Verlag C.H. Beck. München, 2009. S. 267–292.

Krappmann, Lothar; Oswald, Hans: *Alltag der Schulkinder. Beobachtungen und Analysen von Interaktionen und Sozialbeziehungen.* Juventa-Verlag. Weinheim und München, 1995.

Kessen, Stefan; Troja, Markus: *Die Phasen und Schritte der Mediation als Kommunikationsprozess.* In: Haft, Fritjof (Hrsg.): Handbuch Mediation. 2. Aufl. Verlag C.H. Beck. München, 2009. S. 293–320.

Laplanche, Jean; Pontalis, Jean-Bertrand: *Das Vokabular der Psychoanalyse.* 1. Aufl. Suhrkamp-Verlag. Frankfurt am Main, 1973.

Mähler, Hans-Georg: *Macht – Gesetz – Konsens.* In: Falk, Gerhard; Heintel, Peter; Krainz, Ewald E. (Hrsg.): Handbuch Mediation und Konfliktmanagement. Schriften zur Gruppen- und Organisationsdynamik 3. VS Verlag für Sozialwissenschaften. Wiesbaden, 2005. S. 95–112.

Meuer, Dirk; Sauhoff, Detlef: *Menschen mit geistiger Behinderung als Streitschlichter. Praxisbericht einer Ausbildung in einer Werkstatt für Menschen mit Behinderung.* In: Geistige Behinderung. Fachzeitschrift der Bundesvereinigung Lebenshilfe für Menschen mit geistiger Behinderung e.V. 2/2007. S. 152 –161.

Nierhauve, Christian: *Standards der Mediation – Best Practice.* In: Haft, Fritjof (Hrsg.): Handbuch Mediation. 2. Aufl. Verlag C.H. Beck. München, 2009. S. 1173–1186.

Oerter, Rolf; Montada, Leo: *Entwicklungspsychologie.* 3., vollst. überarb. Aufl. Psychologie Verlags Union. Weinheim, 1995.

Oevermann, Ulrich: *Die Methode der Fallrekonstruktion in der Grundlagenforschung sowie der klinischen und pädagogischen Praxis.* In: Kraimer, Klaus: Die Fallrekonstruktion. Sinnverstehen in der sozialwissenschaftlichen Forschung. 1. Aufl. Suhrkamp-Verlag. Frankfurt am Main, 2000. S. 58–156.

Oevermann, Ulrich: *Brauchen wir heute noch eine gesetzliche Schulpflicht und welches wären die Vorzüge ihrer Abschaffung?* In: Pädagogische Korrespondenz. Zeitschrift für kritische Zeitdiagnostik in Pädagogik und Gesellschaft. Heft 30. Büchse der Pandora Verlags-GmbH. Wetzlar, 2003. S. 54–70.

Pieper, Annemarie: *Einführung in die Ethik.* 5. Aufl. Francke-Verlag. Tübingen, 2003.

Pfeifer, Wolfgang u.a.: *Etymologisches Wörterbuch des Deutschen.* 8. Aufl. Deutscher Taschenbuch Verlag GmbH & Co. KG. München, 2005.

Poppe, Martin: *Aggressives Verhalten im Kontext der Förderschule. Theoretische und pädagogische Überlegungen.* Diplomarbeit für den Studiengang Erziehungswissenschaften. Johann Wolfgang Goethe-Universität. Frankfurt am Main, 2008.

Poser, Hans: *Wissenschaftstheorie.* Eine philosophische Einführung. Reclam-Verlag. Stuttgart, 2006.

Püschel, Helmut: *Angry young man. Konfliktlösungs- und Streitschlichtungs-Programm für Schulen.* Hrsg.: Deutsches Rotes Kreuz. Nottuln, 2000.

Rademacher, Helmolt: *Mediation in der Erziehungs- und Bildungsarbeit.* In: Schröder, Achim; Rademacher, Helmolt; Merkle, Angela: Handbuch Konflikt- und Gewaltpädagogik. Verfahren für Schule und Jugendhilfe. Wochenschau-Verlag. Schwalbach/Ts., 2008. S. 107–119.

Riesenberger, Dieter: *Den Krieg überwinden. Geschichtsschreibung im Dienste des Friedens und der Aufklärung.* Donat-Verlag. Bremen, 2008.

Schirlbauer, Alfred: *Die Lehren des Krieges. Perspektiven einer Pädagogik der Konkurrenz.* In: Liessmann, Konrad Paul (Hrsg.): Der Vater aller Dinge. Nachdenken über den Krieg. Paul Zsolnay Verlag. Wien, 2001. S. 222–242.

Schmitt, Annette: *Konfliktmediation in der Schule. Ergebnisse einer Evaluationsstudie.* Verlag Dr. Kovač. Hamburg, 2005.

Schubarth, Wilfried; Kowalzyck, Markus; Petersdorf, Susanne u.a.: *Konflikte gewaltfrei Lösen. Mediation an Schulen in Mecklenburg-Vorpommern. Anregungen – Analysen – Empfehlungen.* In: Landesrat für Kriminalitätsvorbeugung Mecklenburg-Vorpommern (Hrsg.): impulse. Informationsblatt für kommunale Gewaltprävention. Rostock, Februar 2003.

Schubarth, Wilfried: *Schulmediation zwischen Akzeptanz und Ignoranz – Ergebnisse einer Evaluationsstudie.* In: Winter, Frank (Hrsg.): Der Täter-Opfer-Ausgleich und die Vision einer „heilenden" Gerechtigkeit. amberg-verlag. Worpswede, 2004.

Simmel, Georg: *Soziologie. Untersuchungen über die Formen der Vergesellschaftung.* 4. Aufl. Duncker & Humblot. Berlin, 1958.

Staupe, Jürgen: *Schulrecht von A–Z. Noten und Zeugnisse • Schüler- und Elternrechte • Haftung und Rechtsschutz.* 6., überarb. Aufl. Deutscher Taschenbuch Verlag GmbH & Co. KG. München, 2007.

Störig, Hans-Joachim: *Kleine Weltgeschichte der Philosophie.* Fischer Taschenbuch Verlag GmbH. Frankfurt am Main, 2004.

Tillmann, Klaus-Jürgen: *Sozialisationstheorien. Eine Einführung in den Zusammenhang von Gesellschaft, Institution und Subjektwerdung.* 13. Aufl. Rowohlt Taschenbuch Verlag. Reinbek bei Hamburg, 2000.

Tillmann, Klaus-Jürgen; Holler-Nowitzki, Birgit; Holtappels, Heinz Günter u.a.: *Schülergewalt als Schulproblem. Verursachende Bedingungen, Erscheinungsformen und pädagogische Handlungsperspektiven.* 3. Aufl. Juventa-Verlag. Weinheim und München, 2007.

Weißmann, Ingrid: *Formen und Ausmaß von Gewalt an Schulen. Modelle der Gewaltprävention.* 2. Aufl. Tectum-Verlag. München, 2007.

Wernet, Andreas: *Einführung in die Interpretationstechnik der Objektiven Hermeneutik.* 2. Aufl. VS Verlag für Sozialwissenschaften. Wiesbaden, 2006.

Frankfurter Beiträge zur Erziehungswissenschaft

Fachbereich Erziehungswissenschaften der
Johann Wolfgang Goethe-Universität

Reihe Monographien:

Matthias Proske
Pädagogik und Dritte Welt – Eine Fallstudie zur Pädagogisierung sozialer Probleme
Frankfurt am Main 2001

Thomas Höhne
Schulbuchwissen – Umrisse einer Wissens- und Medientheorie des Schulbuchs
Frankfurt am Main 2003

Thomas Höhne/Thomas Kunz/Frank-Olaf Radtke
Bilder von Fremden. Was unsere Kinder aus Schulbüchern über Migranten lernen sollen
Frankfurt am Main 2005

Wolfgang Meseth
Aus der Geschichte lernen. Über die Rolle der Erziehung in der bundesdeutschen Erinnerungskultur
Frankfurt am Main 2005

Elke Wehrs
Verstehen an der Grenze – Erinnerungsverlust und Selbsterhaltung von Menschen mit dementiellen Veränderungen
Frankfurt am Main 2006

Matthias Herrle
Selektive Kontextvariation
Die Rekonstruktion von Interaktionen in Kursen der Erwachsenenbildung auf der Basis audiovisueller Daten
Frankfurt am Main 2007

Iris Clemens
Bildung – Semantik – Kultur
Zum Wandel der Bedeutung von Bildung und Erziehung in Indien
Frankfurt am Main 2007

Nils Köbel
Jugend – Identität – Kirche
Eine erziehungswissenschaftliche Rekonstruktion kirchlicher Orientierungen im Jugendalter
Frankfurt am Main 2009

Marianne Weber
Anfänge und Übergänge
Bildungsentscheidungen der Grundschule
Frankfurt am Main 2010

Meron Mendel
Jüdische Jugendliche in Deutschland
Eine biographisch-narrative Analyse zur Identitätsfindung
Frankfurt am Main 2010

Jens Rosch
Das Problem des Verstehens im Unterricht
Frankfurt am Main 2010

Matthias Schmolke
Bildung und Selbsterkenntnis im Kontext Philosophischer Beratung
Frankfurt am Main 2011

Reihe Kolloquien:

Frank-Olaf Radtke (Hrsg.)
Die Organisation von Homogenität – Jahrgangsklassen in der Grundschule
Kolloquium anläßlich der 60. Geburtstage von Gertrud Beck und Richard Meier, Frankfurt am Main 1998

Frank-Olaf Radtke (Hrsg.)
Lehrerbildung an der Universität – Zur Wissensbasis pädagogischer Professionalität
Dokumentation des Tages der Lehrerbildung an der Johann Wolfgang Goethe-Universität, Frankfurt am Main 1999 (vergriffen)

Heiner Barz (Hrsg.)
Pädagogische Dramatisierungsgewinne – Jugendgewalt. Analphabetismus. Sektengefahr
Frankfurt am Main 2000

Gertrud Beck, Marcus Rauterberg, Gerold Scholz, Kristin Westphal (Hrsg.)
Sachen des Sachunterrichts
Dokumentation einer Tagungsreihe 1997–2000
Frankfurt am Main 2001
Korrigierte Neuauflage 2002

Brita Rang und Anja May (Hrsg.)
Das Geschlecht der Jugend – Dokumentation der Vorlesungsreihe Adoleszenz: weiblich/männlich? im Wintersemester 1999 / 2000
Frankfurt am Main 2001

Dagmar Beinzger und Isabell Diehm (Hrsg.)
Frühe Kindheit und Geschlechterverhältnisse. Konjunkturen in der Sozialpädagogik
Frankfurt am Main 2003

Vera Moser (Hrsg.)
Behinderung – Selektionsmechanismen und Integrationsaspirationen
Frankfurt am Main 2003

Gisela Zenz (Hrsg.)
Traumatische Kindheiten – Beiträge zum Kinderschutz und zur Kindesschutzpolitik aus erziehungswissenschaftlicher und rechtswissenschaftlicher Perspektive
Frankfurt am Main 2004

Tanja Wieners (Hrsg.)
Familienbilder und Kinderwelten – Kinderliteratur als Medium der Familien- und Kindheitsforschung
Frankfurt am Main 2005

Micha Brumlik und Benjamin Ortmeyer (Hrsg.)
Erziehungswissenschaft und Pädagogik in Frankfurt – eine Geschichte in Portraits
Frankfurt am Main 2006

Argyro Panagiotopoulou und Monika Wintermeyer (Hrsg.)
Schriftlichkeit – Interdisziplinär – Voraussetzungen, Hindernisse und Fördermöglichkeiten
Frankfurt am Main 2006

Dieter Katzenbach
Vielfalt braucht Struktur – Heterogenität als Herausforderung für die Unterrichts- und Schulentwicklung
Frankfurt am Main 2007

Reihe Forschungsberichte:

Thomas Höhne/Thomas Kunz/Frank-Olaf Radtke
Bilder von Fremden – Formen der Migrantendarstellung als der „anderen Kultur“ in deutschen Schulbüchern von 1981–1997
Frankfurt am Main 1999 (vergriffen)
http://www.uni-frankfurt.de/fb/fb04/personen/radtke/Publikationen/Bilder_von_Fremden.pdf

Uwe E. Kemmesies
Umgang mit illegalen Drogen im 'bürgerlichen' Milieu (UMID). Bericht zur Pilotphase
Frankfurt am Main 2000 (vergriffen)

Oliver Hollstein/Wolfgang Meseth/Christine Müller-Mahnkopp/Matthias Proske/Frank-Olaf Radtke
Nationalsozialismus im Geschichtsunterricht.
Beobachtungen unterrichtlicher Kommunikation
Bericht zu einer Pilotstudie
Frankfurt am Main 2002 (vergriffen)
http://www.uni-frankfurt.de/fb/fb04/personen/radtke/Publikationen/
Forschungsbericht_3_Nationalsozialismus_im_Geschichtsunterricht.pdf

Andreas Gruschka/Martin Heinrich/Nicole Köck/Ellen Martin/
Marion Pollmanns/Michael Tiedtke
Innere Schulreform durch Kriseninduktion?
Fallrekonstruktionen und Strukturanalysen zu den Wirkungen administeriell verordneter Schulprogrammarbeit
Frankfurt am Main 2003

Andreas Gruschka
Auf dem Weg zu einer Theorie des Unterrichtens.
Die widersprüchliche Einheit von Erziehung, Didaktik und Bildung in der allgemeinbildenden Schule
Vorstudie
Frankfurt am Main 2005

Frank-Olaf Radtke/Maren Hullen/Kerstin Rathgeb
Lokales Bildungs- und Integrationsmanagement
Bericht der wissenschaftlichen Begleitforschung im Rahmen der Hessischen Gemeinschaftsinitiative Soziale Stadt (HEGISS)
Frankfurt am Main 2005

Benjamin Ortmeyer
Die geisteswissenschaftliche Pädagogik und die NS-Zeit
(Vier Teilbände im Schuber)
Teil 1: Eduard Spranger und die NS-Zeit
Teil 2: Herman Nohl und die NS-Zeit
Teil 3: Erich Weniger und die NS-Zeit
Teil 4: Peter Petersen und die NS-Zeit
Frankfurt am Main 2008